古川隆久

建国神話の社会史

史実と虚偽の境界

中公選書

建国神話の社会史　目次

建国神話の社会史

——史実と虚偽の境界

プロローグ　史実と虚偽の境界

「天壌無窮ノ皇運」

教育勅語、正式には「教育ニ関スル勅語」という、歴史的な文書があります。一八九〇（明治二十三）年十月三十日、明治天皇が教育に関する所信を述べるという形で、事実上、教育に関する国家の基本方針を示した文書です。今なら教育基本法にあたります。

二〇一七（平成二十九）年二月、大阪市の学校法人森友学園が開設する予定だった小学校の用地として、国有地が不当に安く払い下げられたのではないかという疑惑が表面化した際、同学園が経営する幼稚園でこの教育勅語を朗唱させていることが問題となりました(1)。

教育勅語は、「朕惟《ちんおも》フニ我《わ》カ皇祖皇宗《こうそこうそう》国《くに》ヲ肇《はじ》ムルコト宏遠《こうえん》ニ、徳《とく》ヲ樹《た》ツルコト深厚《しんこう》ナリ」という文章で始まります。現代語訳すると「天皇である私が思うのは、私の祖先である天照大神《あまてらすおおみかみ》や歴代天皇が、この国を始めたのはとてもすばらしいことであり、道徳を樹立したのは奥深いことである」となります。注意したいのは、「私の祖先である天照大神」が「この国を始めた」と、神の行為とされることを事実とみなす文章になっていることです。そして、「臣民」（今でいえば国民ですが、君主の下の人民ですから）が全員で協力してベストを尽くすのが「国体ノ精華」、つまり日本の国のあり方の一番すばらしいところだといいます。

このあと、父母に孝行せよ、兄弟は仲良くせよ、友達を信頼せよ、質素にせよ、法令を守れ、国が危機に陥った時は自分のことは度外視して国に尽くせ、など道徳的な徳目を列挙した上で、「以テ天壌《てんじょう》無窮《むきゅう》ノ皇運ヲ扶翼《ふよく》スヘシ」とあります。これも現代語訳すると、「そうして無限に続く皇室の運命に協力しなさい」ということになります。(2)

つまり、天皇に奉仕するのが日本の国民のあるべき姿であり、それができる国民になるための道徳を説くのが教育勅語という文書の目的なのです。ですから、現行の日本国憲法の国民主権の原則に反するものです。一九四八（昭和二十三）年六月十九日に、衆参両院がそれぞれ本会議で教育勅語の排除や失効の確認を決議しました。(3)政府が二〇一七年三月に、教育勅語の道徳教育への活用を容認するかのような見解を明らかにしたことに対し、教育学のほとんどの学会が反対し(4)たのは当然のことです。

さて、「天壌無窮」とは、奈良時代の七二〇（養老四）年に成立した『日本書紀』の「巻第二神代下」、つまり神話を記した部分の、しかも「一書に曰く」という異説を示した部分にある、天照大神が孫の瓊瓊杵尊《ににぎのみこと》に対し、地上に降りて日本を統治せよと命ずる発言の中に出てくる言葉です。(5) この言葉は、太平洋戦争の敗戦までは「天壌無窮の神勅《しんちょく》」と呼ばれていました。(6) 天照大神が実在した前提で書かれているのですから、当然「天壌無窮の神勅」も本当に天照大神が発言した史実とされていたことは明らかです。

こうした、『日本書紀』や七一二（和銅五）年に成立したとされる『古事記』に描かれた、天照大神を中心とする天皇の先祖とされる神々が日本の建国に向けて活動し、地上に降りるまでの物語と、その子孫とされる彦火火出見《ひこほほでみ》が橿原《かしはら》で初代天皇たる神武天皇に即位するまでの物語を、本書では建国神話と呼びます。この建国神話の核心は、日本という国家を作り、代々途切れることなくこの国を統治してきた天皇は、神の末裔だ、ということです。

もちろん、神は実在の人間ではありませんから、天照大神の発言なるものは、人間の誰かがある時期に何かの目的で考え出したものです。史実ではありません。しかし、一八八九（明治二十二）年の大日本帝国憲法発布から一九四五（昭和二十）年の敗戦までの日本では、建前上、天皇の始祖とされる天照大神という神の存在やその行動や発言は本当にあったこと、つまり歴史的事実とされたのです。もちろん、そんなことはありえないし、大人の大多数はそのようなことは承知の上なのですが、あとでふれるように、歴史学者がそれは違うと公言すれば職を追われることさえありました。

永田秀次郎の「白状」

ところが、年末には元号が大正から昭和に変わる一九二六年、エリート官僚出身の政治家である永田秀次郎が、著書に「有体《ありてい》に白状すれば私の如きも、少年時代には我神話の奇怪なる事を見て、之を無価値のものと考へた。然るに其後に至り神話は総《すべ》て其民族の理想を語るものである事を知つて〔中略〕此理想を現代化して、之を今日に適応せしむるは実に我々の責務である事を知つた」(7)と書きました。神話は事実ではなく、ある時代の人々が考え出したものだと明言したのです。しかもその本は発禁どころか再版さえされました(8)。つまり、公の場で常識的な議論ができた時期もあったのです。

もちろん、このあと敗戦までずっとこうした議論が公然とできたわけではありません。そもそも、明治の中ごろから、初等教育、中等教育の歴史の授業では建国神話は史実として教えることになっていました。「歴史」といえば、過去に実際にあったこと（史実）、あるいはそれを書き記した書物や文書をさすのがふつうです。当然、その教科書には史実とみなされていることしか書かれていないのが大原則なのにもかかわらず、です。しかも、昭和になると、戦争の拡大と並行して、世のなか全体としても、建前としては神話を史実とみなさなければならないような雰囲気が作られていき、その結果、一億玉砕の手前まで行ってしまうのです。

いずれにしろ、敗戦までの日本では、建国神話をめぐって、建前だけではない紆余曲折《うよきょくせつ》があったことがうかがわれます。実際、調べてみると、建国神話が反体制運動の防止や戦争への国民動員の手段となる一方で、民主化や経済振興の手段にもなるという、今では想像しにくい状況が生まれていました。また、教育現場では建国神話をめぐって、さまざまな「笑えない」笑い話があちこちで展開されていくなど、建国神話をめぐる悲喜こもごもの人間模様が浮かび上がってきました。

本書の意図

本書では、そもそも建国神話はどういう内容なのか、なぜそれが近代日本で重要な意味を持つことになったのか、そしてそうなったことが近代日本の社会、そして戦後日本社会にいかなる影響をもたらしたかを探っていきます(9)。そのことは、近代日本の歴史の一端を明らかにするだけにとどまらず、歴史というものが社会とどのような関係にあるのか、歴史教育はどうあるべきか、さらに、われわれは歴史とどのように付き合っていけばよいのか、といったことを考える格好の手がかりになるはずです。

収集した史料からうかがわれる人々の戸惑いや嘆きは、決して他人事だとは思えません。建国神話を史実とみなすことはもはやありうるはずはありませんが、最初に紹介した教育勅語問題にみられるように完全な過去ともいえず、森友学園問題の国有地の不当払下げ疑惑自体、何があったのかなかったのかが争点になりました。それにフェイク・ニュースという言葉がよく使われるようになったことからわかるように、史実と虚偽の境界が曖昧になりつつあるかのような状況もあります。そうした意味で、これから展開する話は決して過去の話ではないのかもしれません。

本書では、引用文における筆者の注記は〔 〕で示しました。史料を引用する際は、かなづかいは原文通りでふりがなは現代かなづかいに、漢字は可能な限り現用のものに変更し、句読点は適宜補足しました。原文の送り仮名がカタカナである場合、読みやすさを鑑み、ひらがなに直しました。明らかな誤植は断りなく訂正しましたが、現在の視点からみて不適切な表現があっても、歴史資料としての意義を考えてそのままとしています。また、本書の主張の適否を確かめたい読者がおられるでしょうし、先学への敬意を表すべきでもありますので、注を使って典拠やこれまでの研究状況などにもふれていきます。

なお、話の都合上、第三講と第四講の一部に、旧著『皇紀・万博・オリンピック』と内容的に重複する部分があることをお断りしておきます。

注

(1)「「誤解招く表現」森友学園が謝罪」(二〇一七年二月十八日付『朝日新聞』朝刊三八面)。

(2) 教育勅語の本文は、一八九〇年十月三十一日付『官報』四〇二頁。ふりがなと現代語訳は、高橋陽一「教育勅語の構造と解釈」(教育史学会編『教育勅語の何が問題か』岩波ブックレット、二〇一七年)一〇〜一一頁を参考に適宜補訂した。

(3) 決議の文案と審議の状況は、国立国会図書館ホームページ「国会会議録検索システム」で検索、閲覧できる。

(4) この件に関しては、日本教育学会教育勅語問題ワーキンググループ編『教育勅語と学校教育——教育勅語の教材使用問題をどう考えるか』(世織書房、二〇一八年)の二〇八〜二〇九頁(「衆議院議員初鹿明博君提出教育勅語の根本理念に関する質問に対する答弁書」)、二一四〜二一五頁(教育学関連諸学会会長共同声明「政府の教育勅語使用容認答弁に関する声明」)を参照。

(5) 坂本太郎・家永三郎・井上光貞・大野晋校注『日本書紀』一(岩波文庫、一九九四年)一三二頁。

(6) 本居宣長(村岡典嗣校訂)『玉くしげ　秘本玉くしげ』(岩波文庫、一九三四年)一七頁(『玉くしげ』の部分、同書初版一七八九年)、山田孝雄『大日本国体概論』(宝文館、一九一〇年)八四頁、文部省図書監修官藤岡継平序・東京女子高等師範学校教官中野八十八著『実験に基ける人物中心主義国史教育の実際』(培風館、一九二三年)一三二頁、文部省編纂『国体の本義』(内閣印刷局、一九三七年)一三二頁など多数。

(7) 永田秀次郎『建国の精神に還れ』(実業之日本社、一九二六年)三頁。

(8) 一九二七年に同じ出版社から縮刷版が出版された。

(9) なお、本書は、拙稿「近代日本における建国神話の社会史」(『歴史学研究』九五八号、二〇一七年六月)を発展させたものである。同じ問題意識による先行研究はない。

関連する研究として、小林敏男『国体はどのように語られてきたか——歴史学としての「国体」論』(勉誠出版、二〇一九年)は、後期水戸学から新憲法制定までの国体論に関する主要な文献について、それぞれの成立過程から各文献を評価しているが、社会的影響への言及はほとんどない。梅田正己『日本ナショナリズムの歴史』全四巻（高文研、二〇一七年）は、日本の国家主義について、思想的には本居宣長や水戸学以降に注目し、政治史的には古代から現代までを扱った概説書であるが、教育についてては国民学校期にほぼ限られ、社会史的な視点はやはり少ない。いずれも、とりあげる文献や出来事が一部本書と重なるが、視点が異なる。

第一講　神話が事実となるまで

一　日本の建国神話とは

これからの話の大前提として、『古事記』と『日本書紀』に書かれている建国神話のあらすじやその意味を確認しておく必要があります。『古事記』と『日本書紀』の話は重なるところもありますが、違うところも多いので、別々に見ていきます(1)。

『古事記』建国神話のあらすじ

『古事記』には序文があり、そこには、天武天皇（在位六七三〜六八六年）の命で稗田阿礼《ひえだのあれ》によって作成が始まり、七一二（和銅五）年に太安万侶《おおのやすまろ》が完成させて時の元明天皇に献上したと書か

「天孫降臨」（『史略』〔明治５年、文部省刊〕の挿絵より）。『史略』は小学校初期の歴史教科書の一つ

れています。

天地が開けたあと、高天原《たかまがはら》というところに天之《あめの》御中主神《みなかぬしのかみ》が現れ、続いて高御産巣日神《たかみむすひのかみ》、神産巣《かみむす》日神《ひのかみ》が現れ、さらに二つの神を合わせて五つの「別天《ことあま》つ神《かみ》」が現れてはいなくなりました。そのあと国之常立神《くにのとこたちのかみ》から、伊邪那岐神《いざなぎのかみ》とその妹伊邪《いざ》那美神《なみのかみ》まで七つの神（「神世七代」）が現れました。

別天つ神たちに国土を造れと命じられた伊邪那岐と伊邪那美は結婚し（兄妹で！）、「大八島」、つまり日本列島と、多くの神々（それらのなかには『古事記』作成当時の有力氏族の先祖とされているものも含まれます）を生み出し、最後に伊邪那岐神の左目から天照大御神が、鼻から建速須佐之《たけはやすさの》男命《おのみこと》が生まれます。伊邪那岐は天照大御神に高天原の統治を、須佐之男には海の統治を命じます。これに不満な須佐之男は高天原に来て暴れ、これに恐怖を感じた天照大御神は岩窟のなかに隠れてしまい、高天原は真っ暗闇になってしまいます。困った神々は相談の上、智恵を絞って天照大御神に出てきてもらうことに成功し、須佐之男を追放します。

須佐之男は下界に降り、出雲《いずも》の国を統一します。一方、天照大御神は自分の子である天忍穂耳命《まめのおしほみみのみこと》を「水穂国《みずほのくに》」、つまり日本に降して統治させようとしますが、そこは須佐之男の子孫の大国主神《おおくにぬしのかみ》が統治していました。そこで天照大御神と高御産巣日神は、使者を派遣して大国主神に統治権を譲らせ、天忍穂耳命の子の邇邇芸命《ににぎのみこと》を日向《ひゅうが》の高千穂《たかちほ》に降します。そして長い時間がたち、その子孫である神倭伊波礼毘古命《かむやまといわれひこのみこと》が畝火《うねび》の白檮原《かしはら》（今の奈良県橿原市）で日本の統治を始めました。この伊波礼毘古が神武天皇に相当することになります。

『日本書紀』建国神話のあらすじ

『日本書紀』には序文が欠けていますが、続編として作られた『続日本紀』の記述から、七二〇（養老四）年に舎人《とねり》親王が完成させて元正天皇に献上したことがわかっています。

渾沌《こんとん》としたなかから天と地が分かれたところで、国常立尊《くにたちのみこと》という神を最初としてさまざまな神が生まれ出たあと、伊弉諾尊《いざなぎのみこと》、伊弉冉尊《いざなみのみこと》の二神が生まれます。

伊弉諾と伊弉冉は結婚し、「大八洲《おおやしま》」、つまり日本列島と、山や川、草や木、そして女神天照大神と男神素戔嗚尊《すさのおのみこと》を最後とする多くの神々（それらのなかには『日本書紀』作成当時の有力氏族の先祖とされているものも含まれます）を生み出します。天照大神は光り輝き、伊弉諾と伊弉冉は、天照大神を天にとどめ、素戔嗚を「根国《ねのくに》」に追放します。これに不満な素戔嗚は天に戻ってきて乱暴をはたらきます。これをきらった天照大神は岩に隠れ、世のなかは真っ暗闇になってしまいます。神々は相談の上、智恵を絞って天照大神に出てきてもらうことに成功し、素戔嗚を追放します。素戔嗚は出雲の国に向かい、出雲の国を武力で統一します。

一方、天照大神の息子の天忍穂耳尊《あまのおしほみみのみこと》は、「皇祖」高皇産霊尊《たかみむすびのみこと》の娘と結婚し、瓊瓊杵尊《ににぎのみこと》が生まれます。高皇産霊は瓊瓊杵を「葦原中国《あしはらのなかつくに》」、つまり日本を統治させるため日本に降ろそうとしますが、そこは素戔嗚の子孫である大己貴神《おおあなむちのかみ》が統治していました。そこで、高皇産霊は使者を派遣して統治権を譲らせ、瓊瓊杵が日向の高千穂に降りました。それから一七九万二四七〇数年後の紀元前六六六年十月、瓊瓊杵の子孫である彦火火出見《ひこほほでみ》が国家統一の「大業」を思い立ち、出発、各地の豪族を、天照大神から与えられた八咫烏《やたがらす》という鳥も使って武力で制圧していきます。

その結果、紀元前六六〇年三月、彦火火出見は、橿原宮で神日本磐余彦火火出見天皇《かむやまといわれひこほほでみのすめらみこと》（神武天皇）となり、「六合《くにのうち》を兼ねて都を開き、八紘《あめのした》を掩《おお》ひて宇《いえ》にせむ」（国を統一して都を造り、国の隅々まで一つにしよう）という勅語を出しました。

さて、ここまでの説明には、「天壌無窮の神勅」が出てきませんでした。『日本書紀』の神代の部分は、本文のほかに「一書に曰《いわ》く」という異説の紹介が多く、一つの話について一一種類も異説を紹介している場合もあります。分量的には「一書に曰く」の方がはるかに多いのですが、神勅はまさに「一書に曰く」の部分に書かれています。ちなみに、天皇位にある人物が引き継ぐことになっている宝物（文化人類学でいうレガリア）とされる、鏡、勾玉、剣という三種の神器のことも神勅の直前の部分に出てきます。神勅（と三種の神器）の話は、『古事記』にはなく、『日本書紀』でも本文にはないことは記憶にとどめておきましょう。

両者のあらすじを比較すると、登場人物（神）や話の一部は重なっていますが、違いも大きいこと、文脈上、あるいは音読すれば同じ人物（神）や地名とわかる場合も、あてられている漢字は、「天照大御神」と「天照大神」をほぼ唯一の例外として、ほとんど重なっていないことがわかります。

建国神話は憲法だった

神話を研究対象とする学問を神話学といいます。文学研究や宗教学、文化人類学に近い学問です。[2] 神話の学問的定義は、「原古つまり世界のはじめの時代における一回的な出来事を語った物語で、その内容を伝承者は真実であると信じて」おり、「存在するものを単に説明するばかりでなく、その存在理由を基礎づけるものであり、原古における神話的な出来事は、のちの人間が従い守るべき範型[3]」とされています。

日本の建国神話の場合、『古事記』では本文に「別天つ神」とか「神世七代」という言葉が出てきますし、『日本書紀』では、瓊瓊杵尊が地上に降りるまでは「神代」という章立てになっているなど、神の時代の話だということになっているので、とりあえずは神話と呼ぶことは可能です。なお、王権の始祖を神の子孫とする伝説は世界各地に多く見られますが、[4] 日本を除き、近代まで存続した王朝はありません。また、東南アジアの建国神話は、登場人物の系譜が近隣王朝とつながっていたりして、自国の正統性を示すとともに、共存の根拠にもなっていました。(5) 日本の建国神話も、朝鮮など近隣地域の天地創造神話や建国神話の影響を受けたと見られる部分があり、(6) 近隣諸国の神話と一定の共通性はあるのですが、本居宣長《もとおりのりなが》の『古事記』研究をきっかけに、独自性の面が重視されるようになっていきます。

また、『古事記』も『日本書紀』も、天皇制や古代国家体制の正統化が編纂目的であることは定説化しているので、(7)「のちの人間が従い守るべき範型」という定義にもあてはまります。しかし、伝承者が真実であると信じていたかというと、どうもそうではありません。この点は、後でふれるようにすでに近世期（江戸時代）から指摘されていることですが、ここでは最小限の確認をしておきましょう。

『古事記』については、その序文で太安万侶が、これまでの天皇についての記録と諸豪族の伝承をもとにまとめたと書いています。一方で、天武天皇が編纂を命じた目的を、伝承の誤りを正すことによって、「邦家の経緯、王化の鴻基」、つまり、国家行政の根本組織を明確にし、天皇の徳によって世のなかを良くしていくための基本方針をはっきりさせることとも書いています。編纂者本人が、現代風にいえば「憲法」なのだと明言しているのです。

法史学者の水林彪氏は、この問題に関する知見を深化させるなかで『古事記』の作為性を明らかにしました。水林氏は、神々の親子夫婦関係が、『古事記』が書かれた当時の天皇家と藤原家との関係と似ていること、日の神という考え方が「日本」という国号の根拠となっていること、同書の用語、用字が『古事記』完成直後までの儀式の際の天皇の宣言文書や死去した天皇への命名に使われていること、当時の皇居の建物配置や儀式の式場配置が『古事記』の物語の影響を受けていることなどから、『古事記』は、藤原家と天皇家の協調関係を正当化するために創作された物語であることを論証し、さらに、同書の特殊な文体（一部の漢字をかなとして使う）も、物語が古くからの言い伝えであると印象づけるための作為であるという、きわめて説得力の高い見方を示しています。(8)

ちなみに、『古事記』や『日本書紀』の神話部分と初期の天皇の部分が伝承ではなく創作だという説は、戦前日本の代表的な歴史学者の一人である津田左右吉《つだそうきち》（一八七三〜一九六一）が、すでに大正期に唱えています。津田は、これらは、六世紀に皇位の継承方法の動揺や氏族の盛衰による政治の動揺を抑えるために皇室の由来を説くのが目的で創作されたもので、(9)「我々の民族の歴史を語っているのではない(10)」と主張しています。

また、『古事記』が憲法であるという見解自体も戦前からあります。物語自体は真実性の高い伝承であるという前提ではありますが。日本の代表的な国語学者の一人である山田孝雄《やまだよしお》（一八七三〜一九五八）は、一九三五年に刊行された講演録のなかで、序文や内容を根拠に、「古事記の本質」は文芸作品や歴史書ではなく、「祭政一致氏族政治時代の国家統治上の口誦的伝承を組織した」「今日の憲法、行政法の如きもの(11)」だとしています。

『古事記』の岩波文庫版のカバーは、同書を「わが国最古の歴史書・文学書」と紹介しています。たしかに、同書はところどころに短歌や長歌が挿入されていますが、我々は、『古事記』を歴史書や文学書ではなく、法典の一つと考えた方がよさそうです。

『日本書紀』についても、津田の見解を待つまでもなく、異説が多数併記される形になっているので、何か一つの真実があると編纂者が考えていなかったことは明らかです。

古代史家の榎村寛之氏は、その理由について、「律令官僚制の基礎をなす氏族性的な政治体制の中で、各氏族の家記の神話を「正史」という枠のなかに取り込み、王権への従属性を強める意図があった」とし、その上で、『日本書紀』の神話部分の意味について、「奈良時代の支配層にとって現代の王権の根本としての神話である。それは天皇専制国家の確立と維持という「現代的課題」を持ちつつ、天皇・貴族・豪族など支配層の共通記憶をも否定しない、きわめて現実的な配慮がなされた政治神話だった[12]」と判断しています。この見解の説得力が高いことは、『日本書紀』が、藤原氏を優遇する『古事記』への反発として作られたとする水林彪氏の見解[13]が裏づけています。明らかに歴史書の体裁をとっており、実際、ある時期からあとについては、作成意図はともかく、名実とも歴史書である『日本書紀』も、神話の部分については、憲法のようなものであったことになります。

つまり、『古事記』と『日本書紀』の神話は、当時の政治体制を正当化する意味があったという点で、「のちの人間が従い守るべき範型」という、文化人類学における神話の定義に合う面はありますが、そもそも創作であったり、異説を併記するなど、伝承者が真実と信じていたとはいえない点で、神話といえるかどうかは微妙で、一種の憲法のようなものといっても過言ではないのです。

また、さきほど指摘したように、『古事記』と『日本書紀』の神話は、似た部分もありますが、異なる部分も多くなっています。今のところ、その事情をきちんと説明しているのは、前の段落で紹介した水林説しかありませんが[14]、いずれにしろ、『古事記』と『日本書紀』は微妙に異なるものなのだということは確認しておきたいと思います。

二　なぜ「事実」になったのか？

さて、その後の建国神話をめぐる話を詳しくすれば何冊も本が必要ですし、日本近現代史が専門の筆者にはその能力もありません。プロローグで引用した教育勅語にみられるような非科学的な神話観の直接の起源が水戸学といわれる近世後期の政治思想にあり、さらにその起源には近世中期の本居宣長に代表される国学があることは、すでに明らかになっています[15]。そこで、次にその経緯を確認しておきたいと思います。

ただし、その前提として、『古事記』『日本書紀』の成立直後の八〇七（大同二）年に作られた『古語拾遺』という書物に「天壌無窮の神勅」が引用されたことが、この神勅を重視するきっかけだと指摘されていること、[16] 仏教の普及に伴い、中世（鎌倉時代、室町時代）においては、神話の神々は仏の生まれ変わり（垂迹《すいじゃく》）、あるいは神々が仏の姿をとっていたと考えられており、国粋的な神話観は主流ではなかったことが明らかになっていること、[17] 古代から近世まで読み継がれてきたのはもっぱら『日本書紀』の方であること、[18] の三つをご紹介しておきます。

本居宣長の主張

『古事記』を日本の国家や社会のあるべき姿がわかる書物だと初めて明確に主張したのは、近世中期の国学者、本居宣長（一七三〇〜一八〇一）です。国学は、和歌の研究から出発し、『万葉集』や『古事記』など日本古代の書物（古典）から、日本人、日本国家のあるべき姿を探るという学問で、近世中期に始まりました。

宣長（子孫にも本居姓の学者がたくさんいるので名前で区別します）は、一七七一（明和八）年に書いたといわれる『古事記伝』神代の部の序文にあたる部分で、『日本書紀』は、中国の考え方にもとづいてあとから付け加えられた部分が多く、『古事記』でなければ昔の日本の人々の思想はわからないとし、特に、『日本書紀』が、本来わかるはずがない時期にまで年月日を明記していることを中国風だとして批判しています。[19]

さらに、そのあとの、「直毘霊《なおびのみたま》」という部分で、以下のように論じています。[20] まず、日本は、「神御祖《かむみおや》」つまり神々の元祖にあたる「天照大御神」（『古事記』の表記です）がいる「大御国《おおみくに》」、つまり世界のなかで一番すばらしい国であり、天照大御神の子孫が代々日本を治めると定めたので、それに反対や抵抗する人などおらず、仮にいても天皇の力で滅ぼされてきた、としています。

本当にそうだったのでしょうか。平家を滅ぼすついでに安徳天皇を海に沈めた源氏の鎌倉幕府は約一五〇年、足利尊氏が後醍醐天皇に反旗を翻して興した室町幕府は二四〇年近くも続きましたし、それらを滅ぼしたのが天皇ではないことは史実に照らして間違いないところです。さらに宣長は、中国の思想は聖人といわれた人々が作為的に作ったものだが、日本の思想は神の時代から伝えられ、人の作為が加えられていないので、すばらしい思想（「深き妙なる理」）が含まれている、それに気づかないのは中国古典の勉強のやりすぎによるもので、何の利益もなく、昔の日本は、最下層の民まで、天皇のご意志を自分の意志として私心なく天皇に奉仕した、といいます。これも、反逆者がいた以上、そんなことがありえないことは当時でも自明のことです。

つまり、宣長は、『日本書紀』は中国の思想の影響を受けて作為性があるが、『古事記』は、天皇の意志に従って公《おおやけ》のために尽くすという本来の日本人のあり方を示す、すばらしい書物だと、高く評価しているのです。その根拠は、宣長が『古事記』が中国思想に染まる前の日本の言葉で書かれていると考えたためだということはよく知られています。本書で使っている『古事記』や『古事記伝』のふりがなは、そうした考えから宣長がつけたふりがなを私が現代かなづかいに直したものです。もっとも、さきに紹介した水林説によれば、それは宣長が『古事記』の作者の戦略にだまされてしまったことになるの(21)ですが。

ちなみに、『日本書紀』の作為性については、この近世中期から学者たちが指摘し始め、その後もそれは続きました。たとえば、『日本書紀』の神武天皇即位の年は中国の史書と比べると六百年ほど古い時期にずれていること[22]、天武天皇の部分だけ突出して詳しいのは天武天皇を特に高く評価するためであること[23]、最初の何人かの天皇の寿命が不自然に長いこと（たとえば初代神武天皇は一二七歳、六代目孝安天皇は一三七歳など）は、中国の革命思想にもとづき、建国に縁起の良い年回りを設定したためであること[24]、などが指摘されてきました。

江戸時代とは、厳密かつ客観的にものごとを考えようとする動きが始まった、その意味で近代の始まりといえる時代だったのです。もっともそれは、宣長が忌み嫌う中国の儒学の一派である朱子学の方法論からの影響でもありました[25]。

さて、『日本書紀』を批判した宣長ですが、紀州藩主徳川治貞が広く藩内に施政への参考意見を求めたことに応じて一七八七（天明七）年に書いた『玉くしげ』では、主張の根拠として、『古事記』だけでなく、かつて宣長自身が批判した『日本書紀』にある、「天壌無窮の神勅」も使っています。すなわち、天照御大神が「宝祚之隆当与天壌無窮者矣《あまつひつぎはあめつちのむたときはかきえにさかえまさむ》」つまり、自分の子孫が引き継いでいく日本国は栄えは天地に行き着くところがないほど続く、という「勅命」が、「道の根元大本《こんげんたいほん》」、つまり国家社会の根本原則なので、そこから「物の道理」を知るべきだとし、『古事記』『日本書紀』を「二典」つまり二つの古典と位置づけ、これらを勝手な考えで解釈することは本来の意味を失わせるものだと批判しています[26]。

おやおや、十数年前はあんなに『日本書紀』を批判していたのに。もっとも宣長自身、自分の主張の矛盾は自覚していて、『玉くしげ』のなかで、『日本書紀』は中国の書物をまねて漢文で書かれ、中国思想で飾られているため、疑わしい部分が多いが、『古事記』と比較して矛盾がない部分は正しいと考えてよいのであり、儒学者のひねくれた考えに惑わされてはいけないと、言い訳をしています。(27)

そして宣長は、天照御大神の子孫が統治するこの日本は、世界のすべての国の大本なのですべての国は日本に心服すべきなのに、外国はその内実を知らず、日本を小さな島国の一つとばかり考えている。(28) 外国は王朝がしばしば変わるので君主を殺した悪い人間でさえ道理にかなった聖人となれるが、日本は天照大御神の子孫たる天皇が永遠に統治する国なので、天皇の意向に背いた者が長続きすることはない、として、天皇を敬うことが統治の根本だと説いています。つまり、将軍が天皇を尊重すれば藩主が将軍を、人民が藩主を尊重し、世のなかが乱れることはないというのです。(29) 天皇は本来世界を統治すべきであり、それを理解していない外国人が愚かなのだという、独善的、狂信的ともいえるこの主張は、革命を否定し、天皇の絶対化を、それも日本のなかだけでなく世界全体を視野に入れて主張したという意味で、「尊王攘夷」思想の主な起源と考えられています。(30)

宣長の独善的ともいえるこうした考えは、存命中から問題視されていました。それがわかる例がいわゆる「日の神」論争です。宣長は、『古事記』に天照大御神は日の神だと書かれていることはとを根拠に、天照大御神は現に今ある太陽なので、天照大御神は全世界を照らしている、それが日本に来たのだから、世界各国は日本を尊敬すべきであり、こうしたことを疑う人は「漢意《からごころ》」にこだわっているのだと主張しました。これに対し、同時代の国学者で『雨月物語』の作者でもある上田秋成は、太陽に関わる伝説も世界各地にさまざまなものがあり、日本の伝説を絶対視して世界に適用すべきとはいえないと批判しました。宣長は、『古事記』に書いてあることを疑う人間の方が「漢意」に惑わされているのだという形で反論、秋成はそれ以上反論できず論争は終結しました。[31] そうなったのは、宣長が秋成の批判に正面から答えず、そもそもそういう疑問を持つこと自体が悪いと、論点をずらしたことにあったとされています。[32]

宣長は、記紀神話を論拠として、天皇尊重の態度をとることが政治を安定させる根本条件だと主張しました。しかし、宣長は、その論証には、天照大御神が子孫に日本を統治せよと命じたとしか書いていない『古事記』の神話では不十分だと考え、『日本書紀』にある「天壌無窮の神勅」を論拠にふさわしいと考えたのです。[33] しかし、この「神勅」は、かつて批判していた『日本書紀』の、それも本文ではなく「一書」の一部という、真実性がはなはだ薄弱な史料です。そこで、宣長は、根拠の薄弱さを指摘されないように、余計なことを考えることは中国風だと非難して批判を封じようとしたということになります。

つまり、宣長は、本当かどうかわからない神話を真理、真実とみなして政権正当化の論拠とすることが、反体制の動きを防ぐ最良の手段だと考えたことになります。こうした宣長の国体論ともいうべき政治思想は、本書でこのあとみていくように、水戸学などを経由して幕末の尊王攘夷思想に影響を与え、一九三〇年代後半からの国家主義の高まりにも影響を与えていきます。

本居宣長の学問は、国文学の世界では、膨大な資料を用いた緻密な分析という研究手法やその成果への評価が高く[34]、著名な文芸評論家の小林秀雄も晩年に『本居宣長』という大著を書いているほどですが[35]、歴史、特に政治思想史の世界では、近代への影響の様相から、どうしても評価が低くなりがちです[36]。

「神勅」が『日本書紀』本文にないのはなぜ？

ところで、このように重要視される「天壌無窮の神勅」ですが、それほど重要な記事がなぜ『日本書紀』の本文にないのか不思議です。こうした疑問を抱くのは決して私だけではありません。さきほど出て来た山田孝雄が、一九三三年に出版した著書『国体の本義』のなかで、この疑問について考察しています。

山田は、まず、「天壌無窮の神勅は本文にはなく〔中略〕古来心ある人の窃《ひそか》に問題とし来たりしものと思はる。普通に考ふれば、天壌無窮の神勅といふ如き偉大なる神勅が本文に無きは奇怪なりといふべく〔中略〕この神勅は果して信用して可なりやなどの懐疑論を挟む余地ある」と問題を提起します。つまり、「天壌無窮の神勅」が『日本書紀』の本文にないことはなぜかということが昔から問題とされてきたはずで、神勅の信用性に関わる問題だというのです。

「窃に」という以上、この問題を論じた文献はおそらくその時点までないとしているのですから、この問題を着想したのはほかならぬ山田自身ということになります。さらに、「古来心ある人の」「問題とし来たりしものと思はる」、「神勅は果して信用して可なりやなどの懐疑論を挟む余地ある」という言い回しからは、神勅の信用性に疑問を投げかけるようなことを言う人が山田の周囲に少なからずいたことがうかがえます。

さて、この問題に対する山田の答えは、「わが思想わが国体の絶対的特異性を見る」ことができるというものです。山田はこの解答について、「日本国民の精神の一の現象として、「神ながら言挙《ことあ》げせぬ国」といふことあり〔中略〕天壌無窮の神勅などとはいはずとも、日本は古来その通りなり〔中略〕即ち健全なる日本思想よりいふ時は天壌無窮は当然の事にして殊更にいふまでもなき事なれば〔中略〕日本紀の編纂者が〔中略〕それの記載の無き方を第一義として本文に立て、かかる自明の事を記載するは既に第二義的なりとして一書曰の部分に入れたるもの」と説明しています。[37] 文中の「神ながら言挙げせぬ国」とは、さきほどふれた宣長の「直毘霊」のなかにある言葉[38]で、日本は神の意志をそのままに受け取り、言葉にしない国である、というような意味です。[39]

つまり、日本人は神の意志をわざわざ言葉にしないのが国民性なので、天壌無窮のような当然のことをことさら本文に書くことはせず、異説のところに載せたというのです。しかし、「言挙げせぬ国」というのであれば、異説の部分であるにしろ神勅が明記されていること自体がおかしいとも考えられるので、実は説明になっていません。

もう一人、福岡高という人物が、一九三五年に刊行された尋常小学校の国史の教師向け指導書のなかでこの問題について考察しています。残念ながらこの人物の詳細はわからないのですが、小学校教師向けの指導書を書いているので、おそらく師範学校の教員と思われます。福岡は、「神勅」が「若《も》し作為的存在物」ならば、「記紀共に堂々と掲げらるべき」だが、「書紀の一書にのみ之を転載せるは、その然らざる有力なる反証であつて、創業の体験外に在る奈良朝記紀編纂者の編纂態度を如実に示せるもの」という説を示しています。[40] この時点で創作したのではなく、前からあった話だから「一書」にあるのだというわけです。しかし、これではやはり「神勅」は異説の一つに過ぎず、なぜそれが事実と見なせるのかについての答えにはなっていません。

この「一書」問題について考察しているものは、とりあえずこの二つしかみつかりませんでした。いずれにしろ、神勅の真実性を論証することはできなかったのです。「天壌無窮の神勅」が重要なのに、なぜ『日本書紀』の本文にないのかという矛盾を解決する方法はありません。「天壌無窮の神勅」を金科玉条視すること自体が間違っているからです。

水戸学派の主張

さて、この宣長の思想を発展させることになったのが水戸学派の学者たちです。水戸学とは、「江戸時代、主に『大日本史』の編纂事業の遂行を契機として水戸藩において形成された学問・思想」で、十七世紀後半の前期水戸学と十八世紀前半の後期水戸学に分類されます。[41]『大日本史』はテレビ時代劇『水戸黄門』シリーズでおなじみの徳川光圀《とくがわみつくに》の発案で一六五七（明暦三）年から編纂が始まった歴史書ですが、刊行終了が明治維新後の一九〇六（明治三十九）年という息の長い大著作です。徳川将軍の正統性を証明することが動機で編纂が始まり、記述は神武天皇から始まるなど、実証を重んじる儒学の伝統の上に始まった事業で、関係した学者はいずれも儒学者に位置づけられています。

しかし、『大日本史』編纂のための研究が深まるにつれ、水戸学派の学者たちは宣長らの国学の影響を受けていきました。後期水戸学初期の儒学者、藤田幽谷《ふじたゆうこく》（一七七四～一八二六）は、一七九一（寛政三）年に著した「正名論」で、すばらしい日本は神の子孫たる天皇が統治し、それを覆そうとする人間は一人もいなかったので、幕府が皇室を尊べば皆幕府を尊び上下関係が安定して平和になる、(42)と論じました。上下関係を守れば平和になるという儒学の考え方と宣長の主張を合体させて、幕府統治の正当化に応用したのです。

それから約三〇年後、日本近海に欧米の船が出没するようになり、それらをすべて打払うべしという、いわゆる無二念打払令を幕府が出した一八二五（文政八）年、幽谷の弟子の一人である会沢正志斎《あいざわせいしさい》（一七八二～一八六三）が「新論」という論説を書きました。会沢がこれを書いたのは、欧米船の出没を対外的な危機ととらえ、これを契機に長年の平和で緩んだ人心を引き締めるためでした。(43)

会沢は、序文にあたる部分で、日本は太陽の出る所だからすべての物の起源であり、永遠に統治者である天皇は全世界を統治すべきなのに、わからず屋の西洋諸国が日本を侵略しようとしているとして、幕府がこれに対抗できる方法を考えるため、「国体」のすばらしさを明らかにすると述べています。(44)これが、今後しばしば出てくる「国体」という言葉の初出で、(45)その意味は、国のあり方、とでもいうべきものです。(46)そして本文では、

帝王の恃《たの》んで以て四海を保ちて、久しく安く長く治まり、天下動揺せざるところのものは、万民を畏服し、一世を把持する〔力によって一代の間の支配を維持する〕の謂《いい》にあらずして、億兆心を一にして、皆その上に親しみて離るるに忍びざるの実こそ、誠に恃むべきなり〔中略〕夫《そ》れ君臣の義は、天地の大義なり。父子の親は、天下の至恩なり。〔中略〕至恩は内に隆《さか》んに、大義は外に明らかなれば、忠孝立ちて、天人の大道、昭昭乎としてそれ著る。

つまり、天皇が長い間平和に統治することができたのは、個々の天皇の権力ではなく、人民すべてが代々の天皇に敬意と親しみを抱いてきたからだとしています。そして、同じように、臣下が主君に忠誠を誓い、主君が臣下を大事にするのは当然のことで、親が子をかわいがり、子が親に尽くすのも当然のことで、これらがちゃんと行われていれば外国にもひるむことはない、(47)と主張しています。つまり、天皇を中心に国をまとめて人民を動員できれば西洋に負けることはないというのです。

ところで、この文章の言葉づかいも話の進め方も、教育勅語に似ていないでしょうか。というより、教育勅語が「新論」の影響を受けているというべきです。(48)この「新論」こそ、一八五四（安政元）年の開国以後、尊王攘夷論の正典の一つとなり、吉田松陰が愛読し、松下村塾に学んだ幕末維新の志士たちに影響を与えたものであることはよく知られています。

さて、その後期水戸学派の文章であと一つ見ておくべきものがあります。幽谷の次男藤田東湖《とうこ》（一八〇六～五五）が一八四七年に書いた「弘道館記述義」です。これは父幽谷が水戸藩の学問所である弘道館に学ぶ者たちの心得として書いた文章「弘道館記」の解説として書かれたものです。

そのなかで東湖は、「天神の盛徳大業、載せて古典に在るもの、大抵神異測られず。固《もと》より常理を以て論じ難し。然《しか》れども蓋《けだ》し皆、天地以来相伝の説なれば、決して疑ふべからず。また、付会依託して、以て真を淆《みだ》すべからざるなり」、つまり、神代の物語は不思議ではあるが、昔からの言い伝えなので疑ってはいけないし、変な理屈をつけてもいけないと論じています。そして、中世の垂迹論や、宣長以後の国学者の書紀批判などを、「私智を以て神代を測るなり」、つまり勝手な考えで神話を解釈しているとして批判しています。(49)

つまり、東湖は、建国神話の信憑性についての議論は禁じるべきだと主張したのです。天皇を絶対化する国体思想は、思想言論の自由を封じなければ通用しないことが最初からわかっていた、非常に根拠の薄弱な思想なのです。そのような思想で人民を動員できると考えていたところに「愚民観」が透けて見えてきます。もっとも、水戸学の出発点となった儒学思想そのものが、賢人が民衆を教化するという意味で一種の「愚民観」的な思想ともいえますが、薄弱な根拠しかない考え方をおしつけることができると考えた点で、『論語』などより「愚民観」の度合いは高いと考えられます。いずれにしろ、国家国民をまとめていく場合に将軍では役不足だとなれば天皇を持ち出すよりほかなく、天皇を持ち出すことに一点の批判も許さないためには、天皇の正統性の根拠としての神話への疑念を封じておく必要があったのです。

水戸藩は、大老井伊直弼《いいなおすけ》が暗殺された一八六〇年の桜田門外の変で多くの連座者を出したため、それ以後政局で活躍することはなくなります。しかし、政治思想の歴史の上では、建国神話を天皇統治の正当化の論拠、すなわち史実として尊重すべきだという、宣長の政治思想を発展させ、それを明治維新につなぐという、重要な役割を果たしていくのです。

大日本帝国憲法の根拠は建国神話

一八五三年のペリー来航後、欧米との軍事力の差を認識していた幕府は、開国した上で軍事力を強めていく現実路線に舵を切りましたが、これを消極策と認識した朝廷は、天皇の権威をかざして一八五八年の日米修好通商条約に勅許をなかなか与えませんでした。時の孝明天皇は、神武天皇の子孫として、幕府のやり方は国の権威にかかわると批判しました。これが徳川家の将軍後継問題と連動して、幕末の政治的動乱の端緒となったのです。そして、最終的に長州藩・薩摩藩など有力な外様の藩が倒幕路線に踏み切ったことで、一八六八年一月（旧暦では慶応四年十二月）に徳川幕府が廃されて、天皇親政（直接統治）とされる新政府が成立しました。明治維新です。[50]

新政府の成立宣言にあたる「王政復古の大号令」のなかに、「神武創業の古《いにしえ》に復し」という有名な一文があります。「王政復古」とはまさに神武天皇が初代天皇になった時に戻って天皇が直接権力を握るということだったのです。さらに、一八七二（明治五）年、政府が旧暦から新暦に改暦（明治五年十二月三日を明治六年元日とする）した際に、神武天皇紀元を正式の紀年法と定めました。さらに、『日本書紀』の神武天皇即位の日付を太陽暦に換算したという二月十一日が紀元節という祝日、事実上の建国記念日とされました。

神武天皇の実在が疑われていなかったことを背景に、幕末の文久三（一八六三）年に神武天皇陵の所在地が現在の場所（畝傍《うねび》山の北東の麓、奈良県橿原市大久保町）と定められ、その付近が橿原宮跡と推定されました。もっとも、神武天皇陵には、当初の候補地が被差別部落に隣接していたため、別の場所に定められたという、なんとも不明朗な経緯がありました。[51] 橿原宮推定地には、地元住民の請願にもとづき一八九〇（明治二十三）年に橿原神宮が創建されましたが、[52] 結局今に至るまで宮跡は発見されていません。

しかし、一八八九年二月十一日の大日本帝国憲法発布にあたっては、前文にあたる明治天皇の勅語に、「惟《おも》フニ我カ祖我カ宗ハ臣民祖先ノ協力輔翼《ほよく》ニ倚《よ》リ我カ帝国ヲ肇造《ちょうぞう》シ以テ無窮ニ垂レタリ」と、「天壌無窮の神勅」に由来する言葉が使われています。[53]「無窮ニ垂レタリ」と、「天壌無窮の神勅」が後段に出てくる以上、「我カ祖」が天照大神を指していることは明らかです。

　さらに、憲法の第一条「大日本帝国ハ万世一系ノ天皇之ヲ統治ス」(54)も、天照大神を中心人物とする建国神話が根拠なのです。それは、事実上政府による憲法解説書である『憲法義解』にある第一条の解説が、次のようになっていることからわかります。この本は伊藤博文の名義で出版されましたが、実際には伊藤の部下である法制官僚井上毅《こわし》が、枢密院での憲法案の審議資料として用意した文書がもとになっています(55)。


恭《つつしみ》て按ずるに、神祖開国以来、時に盛衰ありと雖《いえども》、世に治乱ありと雖、皇統一系宝祚《さかえ》の隆は天地と与《とも》に窮なし。本条首《はじ》めに立国の大義を掲げ、我が日本帝国は一系の皇統と相依て終始し、古今永遠に亘り、一ありて二なく、常ありて変なきことを示し、以て君民の関係を万世に昭《あきら》かにす(56)

この文章は、憲法第一条は日本は永遠に天皇が統治する国、革命はありえない国だということを意味しているのだと述べているのですが、「皇統一系宝祚の隆は天地と与に窮なし」と、「天壌無窮の神勅」が引用されています。つまり、天照大神を中心人物とする建国神話は、大日本帝国の正統性の根拠とされたのです。当然、この建国神話は事実とみなされていることになります。

　そして、天皇が統治するという前提にもとづき、総理大臣や閣僚は天皇が任命すると定められ、議院内閣制は採用されませんでした。議会は設けられたものの、公選の衆議院の上に、身分や資格によって議員が選ばれる非公選の貴族院が設けられ、その理由を『憲法義解』は「政党の偏張を制し[57]」としました。国民の代表が集まる衆議院は信用されていなかったわけで、つまりは国民も国家から、つまりは伊藤ら藩閥政府の指導者からは信用されていなかったのです。藩閥有力者は愚民観をもっていたということです。しかし、これではいけないと考える政治家もいなかったわけではありません。

これに先立つ一八八一年三月、政府の有力者の一人だった大隈重信は、議院内閣制の採用と二年後の国会開設を主張する意見書「国会開設奏議」を左大臣有栖川宮熾仁《ありすがわのみやたるひと》親王に提出しました。大隈はそのなかで、このような主張の理由として、国会開設を請願する人が増えたことから議会制度を理解できる人が議会を開設できるぐらいに増えてきたと考えられること、そして、議院内閣制（つまり政党内閣制）にして選挙で政権交代するようにしないと「恋権《れんけん》ノ汚名ヲ後世ニ遺伝スル[58]」、つまり、政権にしがみつく政治家が出て困ったことになることを挙げたのです。

しかし、これを急進的過ぎると考え、さらに同じころ（一八八一年）に起きた政府首脳の汚職疑惑報道（開拓使官有物払下げ問題）を、政権奪取をもくろむ大隈一派の陰謀と見た伊藤博文ら他の政府首脳は、大隈を政府から追放し、政情を鎮静化するため一〇年後の国会開設を約束する国会開設の勅諭を明治天皇に出させました。明治十四年の政変です。さらに伊藤は、大隈の構想に対抗できる憲法制定の準備のためヨーロッパで調査を行い、歴史法学という当時のヨーロッパの新しい法学思想を援用して、天皇統治の永続という「神話」を根拠とする大日本帝国憲法を作りました[59]。

その結果、議院内閣制をとらず、帝国議会には国家予算や法律制定についての権限を与える一方、二院制とし、民選の衆議院の力を抑えるために貴族院を設け、また軍事外交教育や官僚機構に関する権限を帝国議会に与えませんでした。それでも政党勢力は、国家予算に対する帝国議会の権限を足がかりに次第に政治的な重みを増していきますが、政党内閣が実現したのは旧憲法下の約五七年のうち、戦後期を入れても約一一年あまりにすぎませんし、閣僚全員が党員という、厳密な意味での政党内閣は一九四五年の敗戦まで一つもありませんでした。建国神話を持ち出して天皇を絶対化し、一部のエリートだけで国家を動かそうとした結果、昭和の戦争によっていかなる悲惨な結果がもたらされたか。大隈の意見書に対する伊藤博文らの過剰な反応は、長い目で見れば判断ミスとしか言いようがありません[60]。

さらに、憲法発布後まもなく、国体論の根拠の薄弱さを明らかにした学者が、国学者から批判されて職を失う事件が起きます。第二講で扱う久米邦武《くめくにたけ》事件です。

教育勅語と建国神話

さて、プロローグで紹介した教育勅語ですが、これは学校における知育偏重の風潮が社会秩序に悪影響を及ぼすと考えた府県知事（当時は内務省で採用されたエリート官僚が派遣されていました）たちの要望で出されました。[61] 伊藤博文の側近の一人で、文案作成の中心人物だった井上毅としては、「皇祖」という言葉は神武天皇をさしているつもりでした。国家の教育に宗教的な問題が入ってくると、大日本帝国憲法二八条が規定する信教の自由と抵触することを恐れたからです。[62] しかし、発布直後から多数の解釈書が出版されていくなかで、世間では「皇祖」は天照大神、あるいは天照大神と神武天皇を指すという認識が広まりました。[63] なぜでしょうか。もちろん、大日本帝国憲法では「我ガ祖」は天照大神を指すとしか解釈しようがないことになっていた以上、「皇祖」といえば天照大神のことだと思い込むのは当然の結果なのですが、それだけが理由ではありませんでした。

なお、教育勅語は、発布と同時に全国の学校に謄本（つまりコピー）が配布され、学校の儀式の際に教職員と生徒での朗読が義務付けられました。どの儀式で朗読するかが定式化されたのは一九〇〇年です。[64]

三　教科書で「事実」とされたのはなぜか？

実は、建国神話が「事実」とされたのは、学校教育の方がさきでした。これからの話を理解しやすくするため、戦前の学校制度の説明から始めます。

戦前の学校制度

よく知られているように、初等教育の義務化（小学校の設置）は一八七二（明治五）年の学制発布に始まります。といっても学費は親の負担であり、自治体や国が資金を補助し始めるのは十九世紀末、明治後半です。[65]政府が小学校の就学率が九割を超えたと認識したのは二十世紀初頭のこと、[66]ほぼすべての子供が卒業まで小学校に在学するようになるのは一九三〇年代初期（昭和初期）のことでした。[67]

義務教育が六年制になったのは明治末期の一九〇七年でした。制度変更の詳細は煩雑になるので概要だけ申しますと、一八九二年に小学校は四年制で義務制の尋常小学校と、その上の二年制の高等小学校（現在の公立中学校に相当、多くは尋常小学校に併設）に整理されました。一九〇七年には尋常小学校（義務制）が六年制となり、その上に、二年制の高等小学校が乗る形で戦前の小学校制度が確定しました。

義務教育より上の進学コースは非常に複雑で、変遷も激しいのですが、義務教育六年制になって以降について概要を説明しますと、①そのまま社会に出る人が一番多く、②ついで実業系の学校に行くか、③高等小学校を出てから師範学校（小学校教師養成の公立学校）か実業学校に行くか、④一番のエリートコースは男子なら中学校、女子なら高等女学校（現在の高校、あるいは中高一貫校に相当）に進み、そこで社会に出るか、あるいはさらにその上の、現在であれば大学の一～二年生に相当する学校（高等学校、大学予科、専門学校、高等師範学校[68]）に行くか、が主な進学コースとなります。[69]なお、小学校でも途中からクラスは男女別、それより上級の学校は原則として男女別学でした。

②～④を合わせた進学率は明治末（一九一〇年代）で約一〇%、その後だんだん増えて戦時期の一九四〇年に約二五%。[70]当然、高等学校や大学予科から大学を目指すのはごく一握りの人々でした。小学校の正教員は訓導と呼ばれ、師範学校を卒業して教員免状を持っていました。[71]ただし、教員養成は義務教育六年制化による小学校児童数の増加に追いつかず、小学校教員のおよそ半数は免状を持たない代用教員でした。[72]

小学校の歴史教育の変化は一八八一年

当初、義務制の小学校の必修科目は修身（今の道徳に相当）、国語、算数、体操（今の体育に相当）の四科目。歴史が必修となるのは義務教育が六年制化された一九〇七年以降で、それも「国史」と呼ばれた日本史のみで、五年生から学習しました。[73]ちなみに現在では社会科の歴史的分野は小学六年生からです。

それでも、小学校用の歴史教科書は明治初期から出版はされていたので、正規の教員（訓導）がいる場合などには教えられていたことがわかります。ただし、一八八一年までは世界史も教えてよいことになっており、日本史の場合も神代の記述はあってもごく簡単なもので、「天壌無窮の神勅」にふれたとしてもその内容の紹介はなく、そもそも神武天皇から話が始まる教科書すらありました。[74] 神武天皇より前は神話であり、歴史ではないというごくあたりまえの認識が教育の世界でも通用していたのです。

ところが、一八八一年五月四日付で文部省が制定した「小学校教則綱領」がきっかけで変化が始まります。このなかで、歴史は小学校の中等科（四年生から六年生、義務は三年生まで）で教えてよいが、日本史のみと定められ、さらに教えるべき内容の具体例が、「建国ノ体制、神武天皇ノ即位、仁徳《にんとく》天皇ノ勤倹、延喜《えんぎ》天暦《てんりゃく》ノ政績、源平ノ盛衰、南北朝ノ両立、徳川氏ノ治績、王政復古等緊要ノ事実其他古今人物ノ賢否、風俗ノ変更等ノ大要」と明示され、歴史を教える目的も「尊王愛国ノ志気ヲ養成センコト」と明示されました。[75]

「建国ノ体制」は、「神武天皇ノ即位」の前にあるので、明らかに本書でいう建国神話のことです。つまり、建国神話を史実として小学校の歴史の授業で教えるべきことが初めて定められたのです。教育勅語のおよそ一〇年前のことです。そして小学校における歴史教育の目的について、天皇を敬い国を愛する意識を養うためと明示されました。このようになった原因は、西洋かぶれの風潮を憂慮した明治天皇とその側近の儒学者元田《もとだ》永孚《ながざね》の強い意向でした。[76] つまり、急速な西欧化への反動として歴史教育の国家主義化が始まったわけです。

これ以後発行された小学校の歴史教科書はすべて日本史の教科書で、神話時代も必ず記述されました。ただし分量的には授業一回分だけ、「天壌無窮の神勅」については要旨のみの記載で、一八八六年に教科書検定制度が始まったあとも、神勅にふれない教科書すらありました。[77] しかも、

「小学校教則綱領」公表後の一八八四年に、師範学校の教員が自校が発行する雑誌で小学校での歴史教育のあり方を論じるなかで、「所詮開闢《しょせんかいびゃく》ノ事ハ古《いにしえ》ニヨリテモ知ルベキニアラザレバ、姑《しば》ラク之ヲ通常歴史ヨリ追ヒ出シ〔中略〕若《も》シ神世ノ実績ニ係ルコトニシテハ云ハザルヲ得ザルモノノアルトキハ必ズ先《ま》ヅ旧記ニ曰ク、古書ニ云フナドノコトワリヲ冒頭ニ置クベシ」、つまり神話時代についてわかりようがないのだから歴史の教科書に書くべきでなく、どうしても書くなら言い伝えだとわかるように書くべきだ、と主張しても[78]問題は起きませんでした。

ところが、一八九一年十一月には、前年に発せられた教育勅語に対応する形で教育内容の改定が行われました。十一月十七日付の文部省令「小学校教則大綱」がそれで、日本史に関しては、「本邦国体ノ大要ヲ知ラシメテ国民タルノ志操ヲ養フ」、つまり、天皇中心という国のあり方を教えることで国民としての意識を養うことが目的とされ、具体的には「郷土ニ関スル史談ヨリ始メ漸ク建国ノ体制、皇統ノ無窮、歴代天皇ノ盛業、忠良賢哲ノ事蹟、国民ノ武勇、文化ノ由来等ノ概略ヲ授ケテ国初ヨリ現時ニ至ルマテノ事歴ノ大要ヲ知ラシムヘシ」とされました[79]。建国神話はもちろん、「皇統ノ無窮」と「天壌無窮の神勅」にふれることが必須とされ、その他も天皇の偉大さや、天皇に尽くした人々を重点的に教えることが定められたのです。それでもなお神代にふれないで検定を通った教科書もあった[80]のですが、一方で、神代で授業二回分とする教科書も現れました[81]。

第一期国定教科書

小学校での教科書採用に関する汚職事件をきっかけとして、政府は国定教科書制度を採用することとし、一九〇四年度から実施されました[82]。ちょうど日露戦争の年です。ただし、最初の国定教科書（国定第一期）の建国神話（天孫降臨まで）の部分は授業一回分だけ（「第一　天照大神」）で、大変あっさりしたものでした。このあとの話との関係がありますので、全文をご覧ください[83]。

天照大神はわが天皇陛下の御先祖にてまします。その御徳、きはめて、高く、あたかも、太陽の天上にありて、世界を照すが如し。大神は、御孫瓊瓊杵尊に、この国をさづけたまひて、「皇位の盛なること、天地とともにきはまりなかるべし。」と仰せたまひき。万世にうごくことなき、わが大日本帝国の基は、実に、ここにさだまれるなり。この時、大神は、鏡と剣と玉との三つの御宝を、尊にさづけたまひき。これを三種の神器といふ。その中にも、御鏡は、大神の御徳をあらはしたてまつれるものにして、ことに、たふ〔尊〕とし。されば、大神は、「この鏡を見ること、なほ、われを見るが如くせよ」と仰せたまへり。伊勢の神宮はこの御鏡を祭りたてまつれるなり。

かくて、瓊瓊杵尊は、三種の神器をいただきて、日向の国にくだりたまへり。瓊瓊杵尊より四代目の御方を神武天皇と申す。

天照大神から話が始まり、おおむね『日本書紀』、それも主に「一書に曰く」の部分を典拠としていることがわかります。このあと「第二　神武天皇」の課があり、『日本書紀』の叙述の要旨が書かれていますが、即位時の「八紘一宇」の勅語にはふれられていません。(84) いずれにしろ、「天壌無窮」と「万世一系」の説明に最小限必要なことしか書かない、かなり抑制した書き方になっていることがわかります。

その後、義務教育六年制と日本史の必修が始まってまもない一九一〇年に国定第二期教科書の使用が開始されますが、日本の神話関係の部分はほとんど変わっていません。ところが、一九一一年に、この第二期までの日本史教科書の中世史の部分で、学界の通説である南北朝並立論がとられていることを、万世一系の天皇が永遠に統治するという日本の国のあり方に反するとして、ある衆議院議員が議会で政府を批判する事件が起きました（南北朝正閏《せいじゅん》問題）。後醍醐天皇に反旗を翻して別の系統の天皇を立てた足利尊氏は、時の天皇に刃向った反逆者なので、小学校の歴史教科書には後醍醐天皇の系統である南朝を正統として載せるべきだというのです。この主張は政府も認めざるを得ず、執筆を担当した喜田貞吉《きたさだきち》編修官は休職処分となり、教科書もさっそく改訂されました。(85)

第二期までの国定の日本史教科書の内容が、意外に当時の実証的な歴史学の成果を反映していたことがわかるとともに、次の講義でふれる久米邦武事件と同じように、天皇絶対という国のあり方が、歴史の学問的探究と究極的には相容れないこともよくわかります。

さて、これら教科書における建国神話の叙述は教室でどのように扱われたのでしょうか。[86] 国会図書館のデジタルコレクションで「神代史」「天照大神」などのキーワードで教師用指導書の例を探すと三つ見つかりました。一九〇九年出版の槇山栄次校閲・大元茂一郎『新潮を汲める歴史教授法精義』では、[87]「神代史の取扱」という項目が立てられ、「何《いず》れの国を問はす古代のことは漠《ばく》として雲をつかむがごときもの」なのは「記録といふことがなかつた為めで」、「我国でも神代史は随分漠として居《お》り又今日吾人の理性の承認する能《あた》はざる事項が多い」が「さらばとて某の事実はかくかくなりと断定することはまたむつかしい。何となれば断定するだけの資料がない」ので、たとえば高天原の場所はわからないから、「神代史は神話として授けたい」と提言します。歴史の授業で「史実」ではなく「神話」として扱うというのですから、史実性については曖昧《あいまい》にするという趣旨としか解釈しようがありません。具体的にはどうするのでしょうか。

〔前略〕児童の理性が発達して来て、「先生人間が天には居ることは出来ないと思ひます……雲の上なんどに居たらすぐにおちてしまひます」……「雲の上の方は空気がうすいですから呼吸が出来ませんすぐに死んでしまひます」とか小理屈をいふに至つては無下に叱りとばさないで何処《どこ》の国でも古代のことははつきりしてゐないそれで我国の大むかしのことなども、はつきりしてゐない〔中略〕しかとわからぬといふ様にしておく〔後略〕

子どもの質問例への対応という形で書かれているので、教室ではしばしばこうした質問が出て教師が対応に困っていたことがうかがえます。

質問に対する答えは正直ではありますが、これで子どもが納得したのかどうか。しかし、他の二つの指導書も趣旨はまったく同じでした。(88) つまり、神代史の教授の際には、しばしば子どもたちは史実性を疑って質問を発しますが、教師はよくわからないというような曖昧な返答をするしかなかったのです。

大きく変わった第三期国定教科書

さて、一九二一（大正十）年春から国定第三期の教科書が使われ始めますが、日本史に関して大きな変更がありました。総ページ数が従来の二〇〇ページ弱から三四〇ページ弱と約一・五倍に増えて読み物風の文体となり、構成も事件史中心から人物史中心に変わりました。いささか長く、しかも旧かなづかいですが、変化の大きさや分量の増えぐあいを実感していただくため、「第一　天照大神」の全文を引用します。(89)

天皇陛下の御先祖を天照大神と申す。大神は御徳きはめて高き御方にて、はじめて稲・麦などを田畑にうゑさせ、又蠶《かいこ》をかはせて、万民をめぐみたまへり。

大神の御弟に素戔嗚尊と申す御方ありて、たびたびあら〳〵しき行ありしが、大神はつねに尊を愛して、之をとがめたまはざりき。しかるに尊、大神の機屋をけがされしかば、大神つひにたへかねたまひて、天の岩屋に入り、岩戸をたてて其の中にかくれたまへり。あまたの神々これを憂へ、大神を出したてまつらんため、岩戸の外にあつまり、八坂瓊曲玉《やさかにのまがたま》・八咫鏡《やたのかがみ》などを榊《さかき》の枝にかけ、神楽をはじめたり。其の時天鈿女命《あめのうづめのみこと》のまひの様をかしかりしかば、神々の笑の声は天地を動かすばかりなり。大神、これは何事ぞとあやしみたまひて、少し岩戸を開きたまひしかば、神々たゞちに榊をさし出せしに、大神の御すがた其の枝にかけたる鏡にうつれり。大神いよいよふしぎにおぼしめして、少し戸より出でたまひしを、かたはらにかくれゐたる手力男命《たぢからおのみこと》、御手を取りて出したてまつり、神々声をあげてよろこびあへり。

素戔嗚尊は神々に追はれて、出雲にくだりたまへり。尊簸川《ひのかわ》の川上にて八岐《やまた》の大蛇《おろち》を斬りて、人々をすくひたまふ。此の時大蛇の尾より一ふりの剣を得、これはふしぎの剣なりとて、大神にたてまつりたまへり。之を天叢雲《あめのむらくもの》剣《つるぎ》と申す。

素戔嗚尊の御子に大国主命と申す御方ありて、出雲地方を平げたまひしが、其の他の地方には、わるものどもなほ多かりき。大神は御孫瓊瓊杵尊をくだして、此の国ををさめしめんとおぼしめし、まづ使をつかはして、大国主命の平げたまへる地方をたてまつらしめたまひしに、命よろこびて其の仰にしたがひたまへり。大神、瓊瓊杵尊に向ひて告げたまはく、「此の国は、わが子孫の王たるべき地なり。汝皇孫ゆきてをさめよ。皇位の盛なること、天地と共にきはまりなかるべし。」と。万世一系の天皇をいたゞきて、いつの世までも動きなきわが国体の基は、実にこゝに定まれり。大神はまた八坂瓊曲玉・八咫鏡・天叢雲剣を瓊瓊杵尊に授けたまひき。之を三種の神器といふ。尊は之を奉じ、あまたの神々をしたがへて日向にくだりたまへり。これより神器は、御代々の天皇あひつたへて皇位の御しるしとしたまへり。

大神の神器を尊に授けたまひし時、「此の鏡をわれと思ひて、つねにあがめたてまつれ。」と仰せられたり。されば此の御鏡を御神体として大神をまつれる伊勢の皇大神宮は、御代々の天皇及び国民の深くうやまひたてまつれる御宮なり。

天照大神から話が始まること、『日本書紀』が主な材料となっていることは変わりませんが、素戔嗚尊や天の岩戸、八岐大蛇や大国主命の国譲りの話が新たに加わり、「天壌無窮の神勅」は全文訳が掲載されるようになっています。言うまでもありませんが、歴史の教科書ですし、「という言い伝えがある」といったような趣旨の断り書きが一切ないのですから、これらはすべて事実という前提で書かれていることになります。

なぜ変わったのか?

なぜこのようなことになったのでしょうか。文部省図書監修官としてこの教科書の執筆を担当した藤岡継平《ふじおかつぐひら》は、次のように説明しています。

すなわち、「歴史は〔中略〕事実によつて教育する学科であるからその知識を適確にすると云ふ事は本科の性質上極めて必要」であるとともに「歴史で知的教育をやる際は始終何故かと云ふ史実に対する理由のやうな事を児童に考察せしめ、その判断力を養成すると云ふ教育法をとる様にし、又一つには興味を引き起して不知不識の裡《うち》に知育が出来るやう」にしたい。しかし、「訓育の教材によつて道徳教育を行ひて人格を養ふと云ふ事が本科教育上の大なる任務の一つ」であり、「道徳教育をなす以上は、所謂《いわゆる》善人は非常に善人に表はし、悪人は飽迄も悪人として、はつきり表は」す。「さうしないと児童にとつて強い感化を及ぼす事はむつかしい。その点は学問としての歴史と余程区別して、人物の取扱に注意する事が必要」で、「国史教育の尤《もっと》も重要」なのは、「国体観念を強烈に国民の頭に打ち込む事」である。「大日本帝国の国民養成と云ふ事がやがて国史教育の第一義」だからである。その理由は、「西洋では十九世紀に於て初めて小学校の教科目の一として国史をおく事になつたのであるが(90)、その当時、彼地では危険な虚無党「アナーキスト」や社会党などが起つた時であつた。この危険なものが起るのは其の国史に不明な事から起る」からである(91)。

つまり、歴史の教育では事実や因果関係をきちんと教えることが大事であるが、興味を持たせることも必要であり、道徳教育の側面も必要とされているので、善人と悪人の書き分けをはっきりするとともに、国体についての観念を子どもの頭に刻み込むようにすることが一番重要で、それは無政府主義者や社会主義者などの危険人物が出てくるのを防ぐためだというのです。事実が大事だということで話を始めながら、興味を持たせるためという理由で主観的な表現は許されるし、小学校における歴史教育の最大の目的は反体制思想の撲滅にあるというのです。事実の大事さはあくまで条件付きの話なのです。

引用文にある通り、欧米諸国において義務教育段階で自国の歴史を教えるようになったのは十九世紀のことです。その理由は、国民としての自覚を持たせるために歴史教育が有効な手段の一つだと考えられるようになったためでした[92]。

さて、なぜ自国史を教えるだけにとどまらず、これほどまでに国体観念の教え込みが重視されたのでしょうか。直前にあった第一次世界大戦（一九一四〜一八）の末期にロシアで革命が起きて帝政が倒れ、ソビエト連邦（ソ連）という、世界初の社会主義国家ができ、ソ連がさらに世界革命をめざしていたこと、ドイツでも第一次世界大戦の敗戦時にやはり革命が起きて帝政が倒れ、共和制となったことをふまえれば、新手の反体制運動を防ぐためだったことがわかります。

なお、国語では第二期から、修身もこの第三期から、二年生から建国神話を扱うようになっています[93]。

建国神話は、江戸時代に日本の本来の姿を探し求めるなかで価値を認められ、幕末の対外的な危機克服というエリート層の危機意識のなかで、国体論という、庶民を国防に動員する思想の根拠として注目されました。明治維新後には、欧化への反動や自由民権運動という反体制運動を防ぐために、国体論が憲法や教育方針にとり入れられました。それらの根拠となった関係で、建国神話は「事実」という建前となったのです。

史実となった以上、建国神話は国体論の最大の根拠として義務教育の歴史教育でも事実として教えられることになりました。そして、第一次世界大戦後になると、社会主義などの新たな反体制運動を防ぐために、小学校の日本史の授業における、史実としての建国神話教育はさらに強化されることになったのです。

しかし、そもそも国体論は、その根拠となる建国神話の荒唐無稽さへの素朴な疑問を隠蔽しなければ成り立たないほど根拠薄弱な政治思想でした。そのような思想で国民をまとめよう、動かそうとしていたのですから、水戸学の国体論のところで出てきた「愚民観」はここにもあてはまってしまいます。

一方で、第一次世界大戦は、今後の戦争は国民すべてを動員し科学技術を駆使しなければ勝てない総力戦となること[94]を明らかにしました。戦争を防ぐためには軍縮や国際協調が望ましいこと、国民の協力を得るためには参政権の拡大は必須とされ、また、列強の一員としての地位を保つためにも教育や科学の振興が必要でした。

こうしたなかで、建国神話をめぐる、学校の教室のなかを含む日本社会の状況はどう変わっていったでしょうか。次回以降で探っていきましょう。

注

(1) あらすじの紹介、原文の引用とふりがなは、倉野憲司校注『古事記』(岩波文庫、一九六三年)、坂本太郎・家永三郎・井上光貞・大野晋校注『日本書紀』一(同右、一九九四年)を参考とした。なお、『古事記』や『日本書紀』(記紀)の研究は、歴史・文学・神話学など各分野の学者・アマチュア入り乱れて把握しきれないほどたくさんある。本書は、記紀自体の研究がテーマではないので、考察を進める上で必要な範囲で従来の研究にふれるにとどめる。

(2) 大林太良・伊藤清司・吉田敦彦・松村一男編『世界神話事典』(角川書店、一九九四年)三七～四一頁。

(3) 同右二九頁。

(4) 同右二四五～二六八頁。

(5) 弘末雅士『東南アジアの建国神話』(山川出版社、二〇〇三年)。

(6) 前掲『世界神話事典』三四三頁。

(7) 同右三三七頁、亀谷弘明「記紀神話――近年の研究をめぐって」(歴史科学協議会編、木村茂光・山田朗監修『天皇・天皇制をよむ』東京大学出版会、二〇〇八年)六三頁。

(8) 水林彪『記紀神話と王権の祭り』新訂版(岩波書店、二〇〇一年)第一部。

(9) 津田左右吉『神代史の新しい研究』(二松堂書店、一九一三年)二五一頁。

(10) 同右『古事記及日本書紀の新研究』(洛陽堂、一九一九年)五三六頁。

(11) 山田孝雄述『古事記序文講義』(国幣中社志波彦神社塩釜神社、一九三五年)三四、三〇頁(引用順)。

(12) 榎村寛之「記紀神話・伝承における素材・文学性・政治性」(遠藤慶太・河内春人・関根淳・細井浩志編『日本書紀の誕生――編纂と受容の歴史』八木書店、二〇一八年)二〇〇～二〇一頁。なお、『日本書紀』の編纂事情や信頼性については、遠藤慶太『六国史――日本書紀に始まる古代の「正史」』(中公新書、二〇一六年)第一章を参照。

(13) 前掲『記紀神話と王権の祭り』新訂版三六三頁。

(14) 遠藤慶太「古事記と帝記」(前掲『日本書紀の誕生』所収)は、『古事記』序文の史料批判を通じて、『古事記』の編纂意図を再検討している点で、水林説の傍証になっているとみなすことができる。

(15) 尾藤正英『日本の国家主義――「国体」思想の形成』(岩波書店、二〇一四年)三八、四四、二六〇頁、吉田俊純『水戸学の研究――明治維新史の再検討』(明石書店、二〇一六年)三七、二四〇頁。

(16) 長谷川亮一「「日本古代史」を語るということ――「肇国」をめぐる「皇国史観」と「偽史」の相剋」(小澤実編『近代日本の偽史言説――歴史語りのインテレクチュアル・ヒストリー』勉誠出版、二〇一七年)一三三～一三四頁。

(17) 佐藤弘夫『「神国」日本――記紀から中世、そしてナショナリズムへ』(講談社学術文庫、二〇一八年、初刊はちくま新書、二〇〇六年)、特に一一三～一一五頁。原克昭「中世日本紀」(前掲『日本書紀の誕生』)。

(18) 前掲『日本書紀の誕生』第Ⅳ部の各論文、前掲『六国史』第4章。

(19) 原文は以下の通り(本居宣長〔本居豊頴校訂〕『古事記伝』神代之部、吉川弘文館、一九〇二年、一九二六年再訂)六頁、一二頁(「書紀の論ひ」)。
書紀の潤色おほきことを知ッて、其撰述の趣をよく悟らざれば、漢意の痼疾去がたく、此ノ病去らでは、此記〔古事記〕の宜きこと顕れがたく、此記の宜きことをしらでは、古学の正しき道路は知らるまじ〔中略〕且某年月日と、月日まで記されたるは、まして漢なり。すべて上ッ代の事に月日をいへるは、猶別に論あり。

(20) 原文は以下の通り(前掲『古事記伝』五二、六二、六五頁)。

皇大御国は、掛まくも可畏き神御祖天照大御神の、御生坐る大御国にして、万ノ国に勝れたる所由は、先ツこゝにいちじるし。〔中略〕万千秋の長秋に、吾御子のしろしめさむ国なりと、ことよさし賜へりしまに〳〵、天津日嗣高御座の、天地の共動かぬことは、既くこゝに定まりつ。〔中略〕皇御孫命の大御食国とさだまりて、天下にはあらぶる神もなく、まつろはぬ人もなく、いく万代を経とも、誰しの奴か、大皇に背き奉む。あなかしこ、御代御代の間に、たま〳〵も不伏悪穢奴もあれば、神代の古事のまに〳〵、大御稜威をかゞやかして、たちまちにうち滅し給ふ物ぞ。〔中略〕大かた漢国の説は、かの陰陽乾坤などをはじめ、諸皆、もと聖人どもの己が智をもて、おしはかりに作りかまへたる物〔中略〕大御国の説は、神代より伝へ来しまゝにして、いさゝかも人のさかしらを加へざる故に、うはべはたゞ浅々と聞ゆれども、実にはそこひもなく、人の智の得測度ぬ、深き妙なる理のこもれるを、其ノ意をえしらぬは、かの漢国書の垣内にまよひ居る故なり。此をいではなれざらむほどは、たとひ百年千年の力をつくして、物学ぶとも、道のためには、何の益もなきいたづらわざならむかし。〔中略〕いにしへの大御代には、しもがしもまで、たゞ天皇の大御心を心として、天皇の所思看御心のまに〳〵奉任て、己が私シ心はつゆなかりき。

(21) 前掲『記紀神話と王権の祭り』新訂版三三七〜三三八頁。
(22) 藤貞幹『衝口発』(一七八一年刊)二頁。
(23) 河村秀根『書紀集解』(序文一七八五年)の「総論　第三　論著作之人」。
(24) 伴信友『比古婆衣』(市島謙吉編『伴信友全集』第四、国書刊行会、一九〇七年、初刊は一八四七年)一三頁(「日本紀年歴考」)。
(25) 松沢裕作『重野安繹と久米邦武――「正史」を夢みた歴史家』(山川出版社、二〇一二年)五一〜五二頁。
(26) 原文は以下の通り(本居宣長〔村岡典嗣校訂〕『玉くしげ　秘本玉くしげ』岩波文庫、一九三四年、一四頁)。

天照大御神の、皇孫尊に、葦原中国を所知看せとありて、天上より此土に降し奉りたまふ。其時に、大御神の勅命に、宝祚之隆当与天壌無窮者矣とありし、此勅命はこれ、道の根元大本なり、かくて大かた世〔の〕中のよろづの道理、人の道は、神代の段々のおもむきに、ことぐ\く備はりて、これにもれたる事なし。さればまことの道に志あらん人は、神代の次第をよく\工夫して、何事もその跡を尋ねて、物の道理をば知べきなり、その段々の趣は、皆これ神代の古伝説なるぞかし、古伝説とは、誰言出たることゝもなく、たゞいと上代より、語り伝へたる物にして、即古事記日本紀に記されたる所を申すなり、さて此二典に記されたる趣は、いと明らかにして、疑ひもなき事なるを、後世に神典を説者〔中略〕異国のいふところに合ざる事をば、みな私の料簡を以て、みだりに己〔おの〕が好むかたに説曲て、或は高天原とは、帝都をいふなどゝ解なして、天上の事にあらずとし、天照大御神をも、たゞ本朝の大祖にして、此土にまし\し神人の如くに説なして、天津日にはあらざるやうに申す類、みなこれ異国風の理屈にへつらひて、強てその趣に合さんとする私事にして、古伝説を、ことさらに狭く小くなして、その旨ひろくゆきわたらず、大本の意を失ひ、大に神典の趣に背けるものなり。

(27) 原文は以下の通り(同右二二頁)。
但し日本紀は、唐土の書籍の体をうらやみて、漢文を飾られたる書なれば、その文によりて解するときは、疑はしき事おほかるべし、されば日本紀を見るには、文にはかゝはらず、古事記とくらべ見て、その古伝の趣をしるべきなり、大かた右の子細どもをよくわきまへて、すべて儒者どものなまさかしき論には、惑はさるまじきことになん。

(28) 原文は以下の通り(同右一七～一八頁)。
かくのごとく本朝は、天照大御神の御本国、その皇統のしろしめす御国にして、万国の元本大宗たる御国なれば、万国共に、この御国を尊み戴き臣服して、四海の内みな、此まことの道に依り遵はではかなはぬことわりなるに、今に至るまで外国には、すべて上件の子細どもをしることなく、たゞなほざりに海外の一小嶋とのみ心得、勿論まことの道の此皇国にあることをば夢にもしらで、妄説をのみいひ居るは、又いとあさましき事。

(29) 原文は以下の通り(同右二七〜二八頁)。
外国は、永く定まれるまことの君なければ、たゞ時々に、世人をよくなびかせしたがへたる者、誰にても王となる国俗なる故に、その道と立るところの趣も、その国俗によりて立たる物にて、君を殺して国を簒へる賊をさへ、道にかなへる聖人と仰ぐなり、然るに皇国の朝廷は、天地の限をとこしなへに照しましますの天照大御神の御皇統にして、すなはちその大御神の神勅によりて、定まらせたまへるところなれば、万々代の末の世といへども、日月の天にましますかぎり、天地のかはらざるかぎりは、いづくまでもこれを大君主と戴き奉りて、畏み敬ひ奉らでは、天照大御神の大御心にかなひがたく、この大御神の大御心に背き奉りては、一日片時も立ことあたはざればなり。
(30) 前掲『日本の国家主義——「国体」思想の形成』の「尊王攘夷思想」(初出一九七七年)三六〜三八頁。
(31) 田中康二『本居宣長——文学と思想の巨人』(中公新書、二〇一四年)一六四〜一七〇頁。
(32) 高野奈未『賀茂真淵の研究』(青簡社、二〇一六年)第四章。
(33) 宣長が『古事記』では叙述が不十分なところを『日本書紀』で補おうとしたことについては、すでに水野雄司「「漢意」への変遷——本居宣長と『日本書紀』」(『鈴屋学会報』二五、二〇〇八年)二六頁に指摘がある。
(34) そうした潮流の集大成として、前掲『本居宣長——文学と思想の巨人』。
(35) 初刊は一九七七年、新潮社。

(36) 苅部直『日本思想史への道案内』(NTT出版、二〇一七年)一八三頁。そうした事例として、子安宣邦『宣長学講義』(岩波書店、二〇〇六年)。
(37) 以上、山田孝雄『国体の本義』(宝文館、一九三三年)一二八～一二九頁。
(38) 前掲『本居宣長全集』第一、五三頁。ただし、かなづかいが一部異なる。
(39) この言説は、高野奈未日本大学文理学部准教授のご教示をふまえたものである。
なお、宣長のこの言説の根拠は、『直毘霊』に「故古語に、あしはらの水穂の国は、神ながら言挙せぬ国といへり」とあることから、『万葉集』巻一三所載、新番号三二六七、旧番号三二五三番の歌と考えられる。新編国歌大観編集委員会編『新編国歌大観』第二巻(角川書店、一九八四年)一一七頁所載の原文と訓読を左に掲げておく。その大意は、ふだん葦原の瑞穂の国は神意のままに言挙げはしないけれども、今日はその慣例を破ってまで特別に言挙げをします、というものである(この件も高野准教授のご教示による)。
柿本朝臣人麿歌集歌曰
葦原(アシハラノ) 水穂国者(ミヅホノクニハ) 神在随(カミノマニ) 事挙不為国(コトアゲセヌクニ) 雖然(シカレドモ) 辞挙叙吾為(コトアゲゾワガスル) 言幸(コトサキク) 真福座跡(マサキクマセト) 恙無(ツツガナク) 福座者(サキクイマセバ) 荒礒浪(アライソナミ) 有毛見登(アリテモミムト) 百重波(モモヘナミ) 千重浪尓敷(チヘナミニシキ) 言上為吾(コトアゲスルワレ) 言上為吾(コトアゲスルワレ)
(40) 福岡高『歴史教育講座・第三部　方法編　教材の観照と指導方案　国民精神関係教材』(四海書房、一九三五年)八頁。
(41) 金井隆典「水戸学」(原武史・吉田裕編『岩波　天皇・皇室辞典』岩波書店、二〇〇五年)五六頁。
(42) 原文は以下の通り(藤田幽谷「正名論」〔今井宇三郎・瀬谷義彦・尾藤正英校注『日本思想大系53

水戸学』岩波書店、一九七三年〕一一、一三頁)。

赫々たる日本、皇祖開闢より、天を父とし地を母として、聖子・神孫、世明徳を継ぎて、以て四海に照臨したまふ。四海の内、これを尊びて天皇と曰ふ。〔中略〕古より今に至るまで、未だ嘗て一日として庶姓の天位を奸す者あらざるなり。君臣の名、上下の分、正しく且つ厳なるは、なほ天地の易ふべからざるがごときなり。〔中略〕この故に幕府、皇室を尊べば、すなはち諸侯、幕府を崇び、諸侯、幕府を崇べば、すなはち、卿・大夫、諸侯を敬す。夫れ然る後に上下相保ち、万邦協和す。甚しいかな、名分の正しく且つ厳ならざるべからずや。

(43) 前掲『日本の国家主義——「国体」思想の形成』(「「国体」思想の発生」初出一九六七年)四頁。

(44) 原文は以下の通り(前掲『日本思想大系53 水戸学』五〇頁)。
謹んで按ずるに、神州〔日本〕は太陽の出づる所、元気〔万物の根源をなす気〕の始まる所にして、天日之嗣〔天皇〕、世宸極〔皇位〕を御し、終古易らず。固より大地の元首〔世界の頭首〕にして、万国の綱紀〔すべての国を統轄する〕なり。誠によろしく宇内に照臨し、皇化の曁ぶ所、遠邇〔遠近〕あることとなかるべし。しかるに今、西荒の蛮夷〔西のはてのえびす〕、脛足の賤を以て、四海に奔走し、諸国を蹂躙し、眇視跛履、敢へて上国〔日本〕を凌駕せんと欲す。何ぞそれ驕れるや。〔中略〕臣ここを以て慷慨悲憤し、自から已む能はず、敢へて国家〔徳川将軍家〕のよろしく恃むべきところのものを陳ぶ。一に曰く国体、以て神聖〔記紀神話の神々〕、忠孝を以て国を建てたまへるを論じて、遂にその武を尚び民命〔人民の生活〕を重んずるの説に及ぶ。

(45) 前掲『日本の国家主義——「国体」思想の形成』(「「国体」思想の発生」)六頁。

(46) 典拠とした、前掲『日本思想大系53 水戸学』五〇頁では、「国体」に「くにがら」と注釈をつけている。

(47) 同右五二〜五三頁。

(48) 吉田俊純『水戸学の研究——明治維新史の再検討』(明石書店、二〇一六年)一五四頁。
(49) 引用部分も含め、前掲『日本思想大系53 水戸学』二六四頁。
(50) 井上勝生『シリーズ日本近現代史① 幕末・維新』(岩波新書、二〇〇六年)、特に第二章と第四章。
(51) 高木博志『近代天皇制と古都』(岩波書店、二〇〇六年)四～一一頁。
(52) 拙著『皇紀・万博・オリンピック』(中公新書、一九九八年)七～一〇頁。
(53) 伊藤博文(宮沢俊義校注)『憲法義解』(岩波文庫、二〇一九年)二三頁。
(54) 同右二二頁。
(55) 同右一八一～一八二頁(宮沢俊義「憲法義解解題」)。
(56) 同右二〇～二一頁。
(57) 同右七八頁。
(58) 江村栄一校注『日本近代思想大系9 憲法構想』(岩波書店、一九八九年)二二三頁。
(59) 瀧井一博『伊藤博文——知の政治家』(中公新書、二〇一〇年)第二章。
(60) 以上の話の詳細は、拙著『ポツダム宣言と軍国日本』(吉川弘文館、二〇一二年)、特に第一章。
(61) 山住正己『教育勅語』(朝日新聞社、一九八〇年)四一頁。
(62) 森川輝紀『増補版 教育勅語への道——教育の政治史』(三元社、二〇一一年)第四章。
(63) 加藤周一ほか編、山住正己校注『日本近代思想大系6 教育の体系』(岩波書店、一九九〇年)四一二頁。
(64) 小野雅章「教育勅語の内容と実施過程」(日本教育学会教育勅語問題ワーキンググループ編『教育勅語と学校教育——教育勅語の教材使用問題をどう考えるか』(世織書房、二〇一八年)三六～四八頁。
(65) 文部省編『学制七十年史』(帝国地方行政学会、一九四二年)一三六～一三九頁。
(66) 同右一四一頁。

(67) 木村元『学校の戦後史』（岩波新書、二〇一五年）四四頁。

(68) 中学校や高等女学校の教員を養成する学校である。ただし、今と同様、大学相当の学校（大学、専門学校）でも資格の取得は可能だった。

(69) 戦前の学校制度の変遷は、文部科学省ホームページ「学校系統図」（http://www.mext.go.jp/b_menu/hakusho/html/others/detail/1318188.htm　二〇一九年四月六日閲覧）を参照。

(70) 文部省調査局編『日本の成長と教育――教育の展開と経済の発展』（帝国地方行政学会、一九六二年）「第二章2節（3）中等教育の普及と女子教育の振興」（http://www.mext.go.jp/b_menu/hakusho/html/hpad196201/hpad196201_2_012.html　文部科学省ホームページ、二〇一九年六月二十一日閲覧）。

(71) 伊藤隆監修、百瀬孝『事典　昭和戦前期の日本』（吉川弘文館、一九九〇年）三七八頁。

(72) 前掲『日本の成長と教育』「第二章2節（4）教師の計画的養成」（http://www.mext.go.jp/b_menu/hakusho/html/hpad196201/hpad196201_2_013.html　二〇一九年六月二十一日閲覧）。

(73) 前掲『学制七十年史』一四四～一四五頁。

(74) 当時の教科書は、海後宗臣編『日本教科書大系』近代編第一八巻　歴史（一）（講談社、一九六三年）に収録。神代を欠いた教科書は、笠間益三編『新編日本略史』（金華堂・文光堂、一八八一年）である。

(75) 『文部省布達　達　明治十二年～明治十四年』（国立国会図書館蔵、一八八一年）六頁。

(76) 竹田進吾「明治一四年「小学校教則綱領」歴史の史的位置」（『歴史教育史研究』一六巻、二〇一八年）二一五頁。

(77) 前掲『日本教科書大系』近代編第一八巻に収録。神勅不記載の教科書は、山県悌三郎『小学校用日本歴史』巻之上（学海指針社、一八八八年）である。

(78) 三宅米吉「小学校歴史科に関する一考察」（三）（『東京茗渓会雑誌』一三号、一八八四年二月、前掲

『日本近代思想大系6　教育の体系』三三五頁)。三宅は東京師範学校助教諭(前掲『日本近代思想大系6　教育の体系』三二五頁)。
(79) 文部省令第一一号「小学校教則大綱」(一八九一年十一月十七日付『官報』一八一頁)。
(80) 山県悌三郎『帝国小史』(文学社、一八九二年、前掲『日本教科書大系』近代編第一九巻　歴史(二)(一九六三年)収録)。
(81) 普及舎編刊『小学国史』巻一(一九〇〇年、同右収録)。
(82) 中村紀久二『教科書の社会史――明治維新から敗戦まで』(岩波書店、一九九二年)第三章。
(83) 文部省『小学日本歴史』一(日本書籍、一九〇三年、前掲『日本教科書大系』近代編第一九巻)四四一～四四二頁。
(84) 同右四四二頁。
(85) マーガレット・メール(千葉功・松沢裕作訳者代表)『歴史と国家――一九世紀日本のナショナル・アイデンティティと学問』(東京大学出版会、二〇一七年、初刊は一九九八年、以下『歴史と国家』)一七六～一八四頁。
(86) この件について筆者が捜した限りで唯一の先行研究は、家永三郎『津田左右吉の思想史的研究』(岩波書店、一九七二年)第三編第二章「記紀研究の基本的思想」である。
　家永は、「児童・生徒の白紙の頭脳は、大人のように先入見を植えつけられていないから、かえって率直に疑問を提起することがある〔中略〕記紀の記載を文字どおり客観的史実として児童に教えるよう義務付けられている教師においては〔中略〕大なり小なりその不合理に感づかないはずはなかったであろうと思われるのに、そうした教師の「悩み」を告白した文章は乏しく、右の伊藤の発言〔一九二七年第二八回全国訓導協議会席上の愛知県南設楽郡東郷東尋常高等小学校訓導伊藤栄作の発表「高等小学校国史中神代史の取扱に就て」東京高等師範学校附属小学校初等教育研究会編『国史地理教育の研究』大日本図書、一九二七年）は、そのような「悩み」をきわめて率直に公表した珍しい史料」としている（三二二～三二四頁）。

しかし、実際にはこの件についてたくさんの史料があり、それは以下の章で明らかにする通りである。ただし、それは家永が怠慢だったことを示すわけではない。国立国会図書館の蔵書のデジタルデータ化が進み、多数の文献を簡単に横断検索できるようになったことと、ここ数十年で戦前日本に関する教育史研究が深化したことによるのである。

(87) 槇山栄次校閲・大元茂一郎『新潮を汲める歴史教授法精義』（目黒書店、一九〇九年）一二九～一三二頁。

(88) 愛媛県女子師範学校附属小学校訓導中野八十八『国民志操養成上より観たる歴史教授と歴史の本質徹底の実際的研究』（非売品　名田活版所、一九一六年）二五～二七頁、三八～三九頁、島田牛稚『小学校に於ける歴史教材の敷衍と附説』上巻（目黒書店、一九一八年）七頁。

(89) 文部省『尋常小学国史』上巻（東京書籍、一九二〇年、前掲『日本教科書大系』近代編第一九巻）六二二～六二三頁。

(90) その理由は、近代国民国家の出現に伴い、住民に国民としての意識を養うために、国語とともに自国史の教育が重視されたためであった（松尾正幸「イギリス歴史教育史の研究（序説）――一九四四年教育法成立以前の初等（歩）教育を中心として」『社会科研究』三〇号、一九八二年、一四四頁、田中英明「アメリカ歴史教育史研究序説」同誌三五号、一九八七年、一二頁）。このことは、すでに日本でも明治後期には知られていた（中島半次郎述『西洋教育史』早稲田大学出版部、一九〇九年、二五八頁）。

(91) 文部省図書監修官歴史主任文学士　藤岡継平「国史教育に対する意見と小学国史編纂の方針」（『小学校』三一巻一号、一九二一年四月）三三～三四頁。なお、この論説の存在は、蒲澤悠貴「国定教科書第3期における歴史教育の特質――藤岡継平の歴史教育論に着目して」(『歴史教育史研究』一五号、二〇一七年)八~九頁の叙述から知ることができた。感謝申し上げたい。
(92) 與田純「スコットランド・ナショナリズムと歴史教育――一九~二〇世紀転換期を中心に」(望田幸男・橋本伸也編『ネイションとナショナリズムの教育社会史』昭和堂、二〇〇四年)二五三頁、渡辺和行「英雄とナショナル・アイデンティティ――第三共和政フランスの歴史教育とナショナリズム」(同上)二八六頁。
(93) 唐沢富太郎『教科書の歴史』(創文社、一九五六年)別冊「第二表　五期国定修身教科書に現われた人物及び徳目表」、「第五表　五期国語教科書に現われた主要人物表」を参照。
(94) 総力戦と科学技術の関係については、山本義隆『近代日本一五〇年――科学技術総力戦体制の破綻』(岩波新書、二〇一八年)を参照。

第二講 「事実」化の波紋——国際協調の時代

一 学校の外ではどうだったのか?

ここでは、第一講の後半でみた、建国神話が建前上事実とされるようになったことが、日本社会にどのような波紋を広げていったのかをみていきます。まず、小学校の教室の外の様子を探ってみましょう。「社会史」と銘打っておりますので、学者たちがどのような議論をし、それがどのように社会に還元されていったのか、ということが主な話になります。

森鷗外「かのやうに」

文豪森鷗外が総合雑誌『中央公論』一九一二(明治四十五)年一月号に発表した「かのやう

に」という小説があります。ある華族の御曹司五条秀麿は、学習院から東京帝国大学文科大学の歴史科を卒業し、日本史の研究者をめざしていました。しかし、建国神話と歴史の関係に悩み、ヨーロッパに留学します。しかし、どうしてもその矛盾を解決することはできませんでした[1]。

兼ねて生涯の事業にしようと企てた本国の歴史を書くことは、どうも神話と歴史との限界をはつきりさせずには手が著《つ》けられない。寧ろ先づ神話の結成を学問上に綺麗に洗ひ上げて、それに伴ふ信仰を、教義史体にはつきり書き、その信仰を司祭的に取り扱つた機関を寺院史体にはつきり書く方が好ささうだ。〔中略〕併しそれを敢てする事、その目に見えてゐる物を手に取る事を、どうしても周囲の事情が許しさうにないと云ふ認識は、ベルリンでそろ〳〵故郷へ帰る支度に手を著け始めた頃から、段々に、或る液体の中に浮んだ一点の塵を中心にして、結晶が出来て、それが大きくなるやうに、秀麿の意識の上に形づくられた。

そしてついに次のような考えにたどり着きます。

あらゆる学問の根本を調べて見るのだね。一番正確としてある数学方面で、点だの線だのと云ふものがある。どんなに細かくぽつんと打つたつて点にはならない。どんなに細くすうつと引いたつて線にはならない。〔中略〕点と線は存在しない。例の意識した嘘だ。併し点と線があるかのやうに考へなくては、幾何学は成り立たない。あるかのやうにだね。

では歴史学の場合はどうなるのでしょう。

神が事実でない。義務が事実でない。これはどうしても今日になつて認めずにはゐられないが、それを認めたのを手柄にして、神を瀆《けが》す。義務を蹂躙《じゅうりん》する。そこに危険は始《はじめ》て生じる〔中略〕併しそんな奴の出て来たのを見て、天国を信ずる昔に戻さう、地球が動かずにゐて、太陽が巡回してゐると思ふ昔に戻さうとしたつて、それは不可能だ。〔中略〕どうしても、かのやうにを尊敬する〔後略〕

事実ではなく、虚構を認めなければ日本国家が成り立たないことを「かのやうに」と表現したのです。

一九一一年には第一講でふれた南北朝正閏問題が起きています。この小説はこの事件に刺激されて書かれました。(2) 秀麿の「僕は職業の選びやうが悪かつた。ぼんやりして遣《や》つたり、嘘を衝《つ》いてやれば造做《ぞうさ》はないが、正直に、真面目に遣らうとすると、八方塞がりになる職業を僕は不幸にして選んだのだ」という友人への言葉は、この後の歴史学界の展開をみごとに予言しています。

久米邦武「神道は祭天の古俗」

近代になってこうした神話と歴史の関係が深刻な問題を引き起こした最初は、一八九二（明治二十五）年に起きた、久米邦武の筆禍事件です。

史学会という学会が発行している『史学雑誌』という学術雑誌があります。日本の歴史学界における最有力な学術雑誌の一つです。発行元の史学会は、帝国大学文科大学（現在の東京大学文学部）に国史科が設置されたことをきっかけに、一八八九年十一月にその関係者が設立した学会です。同会が設立後まもなく創刊したのが学術雑誌『史学会雑誌』で、現在の『史学雑誌』の前身です[3]。『史学雑誌』は、『史学会雑誌』創刊から通算して二〇一九年で一二八年目になる、歴史学の学術雑誌としては日本最長の老舗雑誌です。

さて、一八九一年秋、その『史学会雑誌』に久米邦武の論文「神道は祭天の古俗」が連載されました。久米は明治初期から政府の修史事業に携わり、その間、明治初年の岩倉具視を団長とする遣欧使節団に随行、使節団の行動報告書である『米欧回覧実記』を執筆しています。その後、一八八九年に帝国大学文科大学に国史科が設置された際、教授に招かれました。

久米は、「敬神は日本固有の風俗」だが、「神の事には、迷溺したる謬説《びゅうせつ》の多きものなれば、神道・仏教・儒学に偏信の意念を去りて、公正に考へるは、史学の責任[4]」、つまり、神を敬うのは日本の習慣だが、神については迷信のような間違った考えが多いので、神道や仏教や儒教に偏った考え方をやめて公正に考えるのが歴史学の責任だと主張します。久米はこうした考え方にもとづき、この論文で『古事記』『日本書紀』や中国の史書を読み解きながら神道の起源を探りました。

その結果、天照大神を祭るとされる新嘗祭《にいなめさい》など朝廷の儀式も伊勢神宮も、天を神として祀ることが本来の趣旨で、(5)三種の神器についても、「天ノ安河の会議に創《はじ》まりたるに非《あら》ず、遥の以前より祭天の古俗なるべし」(6)、つまり、『日本書紀』の「一書」にあるような由緒は事実ではなく、いつからかわからないほど昔からの習慣だったと主張しました。

そして最後に、天孫降臨神話を信じることは、皇位の安定、ひいては国家の安定をもたらしてきたという長所があるが、「誇るべき国体を保存するには、時運に応じて、順序よく進化してこそ」で、「神道を学理にて論ずれば、国体を損ず」という者もいるが、「国体も、皇室も、此《か》く薄弱なる朽索《きゅうさく》にて維持したりと思ふか」、つまり、合理的な研究でだめになってしまうような考え方にこだわっていては、近代化が進むなかでは国家を維持できないと主張しました。

要するに、久米は、建国神話は事実ではなく、こうした合理的に説明できない考え方に固執していては近代世界では国家は長続きできないと主張したのです。しごくもっともな考え方です。『日本開化小史』で知られる在野の歴史家田口卯吉は、久米の「神道は祭天の古俗」に「敬服」し、自身が主宰する雑誌『史海』第八巻（一八九二年一月発行）に転載しました。(7)

筆禍事件に発展

ところが、さっそく反発が現れます。二月末に国学者系の人々が久米の自宅に押しかけて論争を試み[8]、さらに『国光』という政府系の雑誌[9]に、久米の論文を批判する趣旨の匿名の論説「国家の大事を暴露する者の不忠不義を論ず」が掲載されました。

この論説で論者の主張が最もよくわかる部分[10]を現代語訳してみます。

軍事機密とともに国民が論じていけないことは皇室に関わることとである。ところが、最近の学者には、学問研究という理由で、強引に天皇の祖先について議論し、三種の神器をないがしろにし、皇室に失礼なことを言う者がいる。天皇に反抗する行為としてこれ以上のものはない。たとえ事実であっても国家に有害なことは研究しないのが学者のあるべき姿である（「仮令《たとい》事真なるも、苟《いやしく》も君国に害ありて利なきものは、之を講究せざるを以て学者の本分とす」）。学者は研究によって日本国家（「君国」）に貢献するべきなのに、研究と称してとんでもない説を書いて国民を惑わす者がいることは実にけしからん。

久米が名指しされているわけではありませんが、三種の神器の例が示され、久米の論説が転載された直後に書かれていることから、一見抽象論であっても具体的には久米の論文「神道は祭天の古俗」が批判の対象となっていることは間違いありません。

そして、「仮令事真なるも、苟も君国に害ありて利なきものは、之を講究せざるを以て学者の本分とす」ですが、似たような物言いが前に出てきました。そう、第一講でみた、藤田東湖の「弘道館記述義」です。いずれにしろ、時の日本国家に役立つ以外の学問研究は認められないとは、非常に視野の狭い考え方と言わざるをえません。しかも匿名での事実上の人身攻撃は卑怯でもあります。しかし、この批判論説が刊行された後、神道関係者たちが政府に久米の処分を迫り（つまり、この論説は神道関係者が書いた可能性が高いということになります）、久米は大学をクビ（非職）になり、久米の論文を掲載した雑誌は両方とも掲載号が発売禁止処分を受けました。[11]

神道学者で、まもなく宮中の神道儀式の担当者（掌典）となった佐伯有義が、[12]『国光』の同じ号に掲載された論説「久米邦武氏ニ質ス」で、「氏ノ説ハ、国体ヲ毀損《きそん》シ、教育ノ勅語ニ違背スル」[13]と述べたように、建国神話の真実性を傷つける議論は、天皇絶対という国のあり方のみならず教育勅語とも矛盾するものでした。教育勅語が出されたあとだからこそ、このような事件が起きたのです。当然、建国神話が歴史学の観点から研究されることはしばらくなくなりました。[14]

津田左右吉の記紀研究

こうした状況が変わるのは、明治天皇が亡くなり、元号が大正に変わってまもない一九一三（大正二）年のことです。この年に出版された『神代史の新しい研究』に始まる津田左右吉の古代史研究は、歴史学界のみならず社会の歴史認識に一石を投じました。津田は東京専門学校（後の早稲田大学）出身の歴史学者で、専攻は日本古代史、当時は南満洲鉄道で調査業務に携わっていましたが、まもなく母校の史学科の教授となります[15]。

『神代史の新しい研究』で津田は、『古事記』と『日本書紀』（記紀）の神代の部分について、「だれが読んでも、実際の人事で無いことがすぐわかるやうに書かれてある。勿論、神武天皇以後の物語も、決して其のまゝに歴史的事実とは見られないが、大体に於いて人事らしく書かれてあるから〔中略〕神代の物語は歴史的伝説として伝はつたもので無く、作り物語である[16]」と、神武天皇以後の部分と比較しつつ、史料批判（史料を多角的な視点から読み解く歴史学研究の技法）によって、史実性が皆無であることを論証しています。

そして、そうなった理由については、「皇室の由来を物語として具体的に説明する」ためであると明快に説明しています。具体的には、記紀は、「皇室をあらゆる氏族の宗家として」おり、それは「皇室は国民の内部にあつて、民族的結合の中心点となり、国民的団結の核心」であることを示しており、「皇室の万世一系である根本的理由はこゝにある〔中略〕皇室の真の威厳がこゝにある[17]」と説明しています。

そして、内容的に中国的な色彩がないという理由で、神話の成立を欽明天皇の時代（五世紀ごろ）と判断し、神話がこの時期に作られた政治的な理由として、雄略《ゆうりゃく》天皇、継体《けいたい》天皇の時期に中国の学問が入って思想的な動揺があったこと、朝鮮進出などによって氏族の盛衰があったこと、允恭《いんぎょう》天皇の時代に後継争いがあったこと、顕宗《けんぞう》、仁賢《にんけん》、継体の三代の天皇が傍系だったことなど、「皇室にも容易ならぬ事件があつた」ことを挙げています。そして、作られた目的については、「八百万神が神はかりにはかつて日神を翼賛したといふ物語は、諸家が合議協力して、顕宗天皇、継体天皇を迎立したやうな状態を暗示してゐる」[18]と、有力氏族を天皇のもとに団結させるためだったと推定しています。

以後、津田は、同じような議論を展開していきます。一九一六年刊の『文学に現はれたる我が国民思想の研究』では、神代史について「当初から宮廷もしくは政府に於いて皇室の起源を説くために作られたものであるから、国民の間に自然に発達した叙事詩では無く、従つて国民的精神の結晶とか、国民的英雄の物語とかいふ性質のものでは無い」[19]とし、一九一九年刊の『古事記及日本書紀の新研究』でも、「記紀の記載は、皇室（もしくは皇室によつて統一せられた国家）の起源と由来を説いたものであつて、我々の民族の歴史を語つてゐるのでは無い」[20]と論じています。

以上の津田の学説は、なぜ、微妙に内容の異なる『古事記』『日本書紀』という二種の書物が作られたのかという点についての考察が欠けていることを除けば、現在の研究とほぼ同じレベルといってよいほど水準の高い研究です[21]。そして、記紀の神代の史実性を否定しているにもかかわらず筆禍事件にならなかったのは、専門書である上、これから説明するように、歴史学の学説への影響が少なく[22]、しかも「皇室の真の威厳がこゝにある」とあるように、皇室の存在自体を否定していないためと考えられます。

黒板勝美の反論

津田の学説に対する学界の動向を社会に示しているのが、一九一八年に刊行された黒板勝美『国史の研究』です。黒板（一八七四〜一九四六）は、東京帝国大学国史科を卒業して母校の日本古代史の教授となり、一九一〇年代から三〇年代にかけて日本史学界を主導したとされる歴史学者です。[23] そして『国史の研究』は、「総説の部」の序文に「専門の学者に対して著述したるものにあらず、たゞ国史に幾分の趣味を有し、之が研究に志せる人々に向つて参考となり便宜を与ふるもの」[24]とあるように、専門書ではなく、初学者向け（といっても分量や詳細さからみて大学生や学校教師向けですが）の日本史の研究法や研究に必要な基礎知識を説いた内容なので、一般向けの書物といえます。

黒板は同書「各説の部」の神話を扱った部分で、「神話も伝説も歴史研究の資料」だが、「神話伝説から史的現象を抽き出すには、人類学、土俗学、考古学若しくは社会学、言語学等の補助に頼らねばならぬ、そしてそれらの学科が更に進歩し神話伝説がこゝに科学的に研究せらるゝ後、始めて我が神代史は闡明《せんめい》せらるゝ時機に到達する」として神代史の研究はまだ時期尚早だとしています。さらに、現状では神代史研究の材料は記紀をはじめとする奈良時代以後に作られた文献しか手がかりがなく、それらも中国や朝鮮の神話伝説が混入するなどしているから、「それがすべて神代当時の神話であり伝説であるかも疑問」[25]としています。要するに記紀の神代史の史実性は事実上否定しています。

ここまでは、史料批判による実証という方法で研究する近代歴史学の学者としてはしごくもっともな議論です。しかし、黒板は、本居宣長の古事記研究を「考証論断多く妥当」と高く評価する一方、津田の『神代史の新しい研究』については、「神話とか伝説とかいふものが、特に或る時代に或る目的を以て作られたと観るのは余りに独断に過ぎる、寧ろ永い年月の間にだん〳〵それらの説話が作られて来たとする方が妥当[26]」と批判しています。しかし、津田の学説を具体的に反証せず、抽象的な批判にとどまっていることに注意が必要です。具体論に入れば反証が難しいことがうかがえるからです。

なお、黒板は、『日本書紀』の神武天皇即位の年代が約六百年ずれていることが江戸時代以後定説化していることを認めた上で、「この紀年の研究は我が国史の年数を古代史研究の便宜上正確に〔中略〕するのが主なる目的」であり、欧米で、キリストの誕生が紀元前四年なのにキリスト紀元を修正せずに使っているのと同じく、「普通の場合には今日のまゝ我が神武天皇即位紀元を採用して少しも差支ない」としています。しかし、四年と六百年を同列に扱ってよいものでしょうか。黒板は、学術研究が国家公定の歴史認識を揺るがすことがないよう注意していると考えざるを得ません。

概説書も津田説に冷淡

広く社会に向けた日本史の概説書も同じような傾向でした。中学校や高等女学校の教員養成を主目的とする東京高等師範学校（筑波大学の前身）の附属中学校の主事（校長に相当）である斎藤《さいとう》斐章《ひしょう》は、(27)一九二〇年に『日本国民史』という日本史の概説書を出版しました。この本は、文部省中学校教員検定試験（文検）受験者の参考書として一九三〇年代まで版を重ねていきます。(28)

斎藤は、津田の『文学に現はれたる我が国民思想の研究』を参考書の一つに掲げ、また、『日本書紀』の年紀が六百年ずれていることは認めつつ、『古事記』についてはその序文をそのまま信用し、「皇室に伝はれる伝説を其のまゝ記述したる者」であり、「国民の思想感情は最も善くこの伝説に表現せらるべし。この点より見れば伝説は国民思想の宝庫」(29)と、『古事記』について津田とは逆の解釈をしています。

同様の例として、一九二二年に初版が出た、安藤正次『日本文化史第一巻　古代』があります。安藤（一八七八〜一九五二）は古代の日本語を専門とする国語学者で、当時は日本女子大学教授、戦後は文部省国語審議会会長として当用漢字現代かなづかい制定にかかわります。安藤は、国語学者なのに歴史書を書いたのは、古代の文化を総合的に書いた本がないからだとしています。(30)

この本は、分量や、漢字にふりがなが付されていないことから、やはり高学歴者向けとは思われます。一九二五年に改訂増補版が出ますが、(31)その際の『東京朝日新聞』の書評で「我国の文化史と銘うつた歴史はこの叢書を以て最初とするしかして他にまだ出たものあるを聞かぬ」と評されており、(32)斎藤の本とともに、高学歴者にはよく読まれた本と見ることができます。

安藤は、『日本書紀』の年紀の問題は学界の定説を受け入れ(33)つつも、記紀に関する津田説については、「仮にこれをその時代の創作と見るにしても、吾人はこれによつて継体欽明朝前後の国民思想の反映を窺ふことが出来る。仮にこれを前代からの口碑伝説の系統を引いてゐるものと解すれば、更に古い時代の民族的文化の俤《おもかげ》をこの上に見ることが出来る」とした上で、「建国の由来国体の淵源は一に天祖の神勅に本《もと》づいてゐる、我が歴代の天皇が現御神に座し、皇室の尊厳が天地日月と共に極りないのは実にこれが為であるといふ信念は、古代日本人の堅く把持してゐた」もので、「この神代の伝説は、実に我が日本民族の思想感情の美しい結晶であり、また我が民族精神の揺籃《ようらん》である(34)」と、やはり論証なく津田説を否定し、天壌無窮の神勅を史実と認める立場を明らかにしています。

要するに、記紀の神代史の史実性を否定する津田の説は日本史学界に大きな衝撃を与え、広く高学歴層に知られることとなりましたが、否定的に受け取られました。黒板の『日本書紀』の年代表記の問題の扱い方や、安藤の神代伝説の扱い方からは、やはり神話を史実とみなす国家の歴史認識との矛盾を回避したいという意識がうかがえます。

神々の会議は議会の元祖

一方、別の観点から建国神話の意義を考察する動きも現れました。一つは、日本古代史専攻の早稲田大学教授西村真次（一八七九〜一九四三）による神話学的観点からの解釈です。西村は、一九二二年刊の『国民の日本史第一篇　大和時代』で、

『古事記』や『日本書紀』を見ると、屢々《しばしば》現はれる常套語として、「神集ひに集ひ」とか、「神謀りに謀り」とかいふ語がある。これらは〔中略〕神格化を経る前の原形は、民衆の集会と協議とで〔中略〕誰れしも来つて会合に加はり、自由に協議に参加し、自由に可否の意見を陳述し得べき場所であつたに相違ない〔中略〕天の岩屋戸籠り神話に於ける神々の会議は、実はかうした古代日本人の行政機関の存在を反映してゐる

と[35]、解釈学、つまりは神話学の観点から建国神話を解釈し、これを「公平と無私と自由とを愛するところの、愛を以て人生々活の核心とした社会組織」と意義づけました。建国神話は、古代の日本に一種の議会制民主主義のような政治体制があったことを示しているというのです。そのため、「神話が史実と全然無関係でな」く、「そこから日本民衆の伝統的生活史の幾分かを知ることが出来る[36]」と、神話は史実とまったく無関係とはいえないと主張していました[37]。

実は、神々の会議を日本の議会の元祖とみなす説を最初に唱えたのは無政府主義者の石川三四郎で、一九二一年刊の著書『古事記神話の新研究』においてです[38]。西村は注で同書にふれていませんが、同年中に三刷まで出たほど売れた[39]のですから、知らないはずはなく、そこからヒントを得た可能性が高いと考えられます。

西村は、一九三〇年刊の『日本文化史概論』でも、「日本国家の成立」に関する記紀の記載を

「ありの儘《まま》に信ずることは、今日の科学的頭脳を有《も》つたものには不可能」で、「神話は飽くまでも神話であつて、歴史的事実ではない」と断言します。ただし、「神勅によつて建設せられた国家が神権によつて統治せられ、遠古以来 些《いささか》の変化を起こさなかつたところは、私の知る限りでは日本ばかり」とし、「八百万の神々が高天原に神集ひに集ひ、神謀りに謀つて、多数決で最善と認めた事項が実施せられた」神話は、古代の日本国家は「いくらか現今の自治制に近い代議国家」(40)だった証拠として神話に一定の史実性を認めます。

つまり、西村が神話に一定の史実性を認めるのは、日本の政治のあり方は本来議会制民主主義(天皇主権が憲法に明記されていた当時では「民本主義」と呼ばれていましたが)だということを主張するためなのです。いずれにしろ、西村の議論においては、建国神話は国家の権威の強化のためではなく、日本の民主化を推進する論拠となっているのです。

建国神話を日本の議会制民主主義の正当化の論拠にするというのは、今のところ、この一九二〇年代～三〇年代初期にだけ見られる現象です。よく知られているように、一九二〇年代は大正デモクラシー運動の時代です。一九一六年に東京帝国大学法学部教授の吉野作造が『中央公論』に論文「憲政の本義を説いて其有終の美を済すの途を論ず」を書いて「民本主義」の代表的な論者となり、普通選挙の実現を求める普選運動が盛り上がりました。一九二四年に加藤高明率いる護憲三派内閣の成立で政党内閣の時代が始まり、一九二五年に男子普選を定めた普通選挙法が制定(正確には衆議院議員選挙法が改正)され、一九二八年に初の男子普選が実施されました。つまり建国神話を議会制正当化の論拠とするというのは大正デモクラシーの時代ならではの現象といえます。

一方で、西村は、一九二四年刊の『日本の神話と宗教思想』では、神話の史実性を否定するだけでなく、小学校の歴史教育における建国神話の扱いも批判します。

> どこの国の歴史でも、其曙は皆神話を以て始められてゐるが、日本の歴史も矢張《やは》りさうした状態にある。神話と歴史とは明らかに別物であつて、神話によつて歴史を窺はうとすることは学問上の罪悪〔中略〕小学校の児童でも、今日では最早神話と歴史との差異を知つてゐる。〔中略〕それにも拘はらず、尚《な》ほ国史の第一頁が神話を以て始まるが如きは、甚だしき時代後れ〔中略〕今日の急務の一つは、神話を解放することである。神話解放を理解することをすら肯《がえん》じないやうな民衆は、到底人類共同の進化に与《あず》かることが出来ない〔中略〕間違つたパトリオチズムの鉄鎖をうち切つて、自由の討究が試みられる日は既に来てゐるではないか。(41)

つまり、西村は、建国神話に古代の議会制の痕跡は認めることはできるが、話自体を史実と認めることは不合理で、学校で神話を事実として教えることは、国際協調に支障をきたすというのです。国際協調という観点が出てくることもまた、軍縮・国際協調が叫ばれた一九二〇年代の雰囲気を反映しています。

子ども向けの一般書

建国神話の史実性の否定は、子どもたち向けの本にも書かれるようになりました。題名や序文の叙述から中学生の自習用参考書として一九二九年に刊行された本には、「日本書紀はその巻頭には天地開闢説を掲げ」ているが、「これは支那の准南子にある開闢説を殆んど原文の通り引用したものであるから、支那の伝説で我が国のではない」とするだけでなく、『日本書紀』の神武天皇の即位年月日がわかるわけがなく、他の天皇の長寿も中国や朝鮮の史書と符合しないので、「到底信用することが出来ない」とし、そのことは江戸時代からわかっていたことで、「先年那珂《なか》〔通世《みちよ》〕博士が詳《つまびら》かにこれを研究して「上世年紀考」と題した一編を史学雑誌に載せられた。これに拠れば天皇の御即位を以て辛酉《しんゆう》の年としたのは、支那の讖緯《しんい》説に説いた辛酉革命説に拠つたもので、実際は神武天皇から欽明天皇まで千二百余年の間に六百年許《ばかり》の延長があらう」という、当時の学界の通説が公然と書かれており、しかもこの本は一九三五年に増刷されています。(42)

また、満洲事変勃発からほぼ一年後の一九三二年十月に刊行された、栗山周一『少年国史以前のお話』も注目すべき内容の本です。栗山は、序文にあたる部分で次のように述べています。重要な内容なので、少し長くなりますが主な部分を掲げます。

現今我国の教育界に於ては、小学校はもとより、中学校や女学校に於ても、国史を学ぶに神代天照大神から初まり、奈良朝頃までは殆んど簡単な史談ですんでしまつてゐる。文部省の要目がその様になつてゐるので止むを得ない事であらう。けれども日本の考古学や人類学的研究は、明治大正を経て、現今では余程進んで〔中略〕我が日本の史前時代をおぼろげながら理解する事が出来る〔中略〕世界の文明諸国の教育は、而して又日本の思想や文化は、国史を神話より引きづり出して来る旧《ふる》い方法を認めなくなつてゐる。〔中略〕現今の中女学生は、小学校の上級生に於てすらも、国史を高天原神話より引きづり出す事には承知しない程に、一般の科学や社会の思想が進んでゐるので〔中略〕少年用の日本考古学といふ、日本では最初のこゝろみを敢てやつてみた(43)〔後略〕

つまり、小学校はおろか、中学校(すでに説明したように男子校)や女学校(中学と同等の女子校)でも先史時代は神話しか教えられていないが、それは世界的にも日本においても時代遅れだという理由から、日本初の少年向け(小学校上級も視野に入っていることは文面からうかがえます)の考古学の研究成果の概説書を書いたとしています。

本文はこの時点までの日本考古学研究の成果をわかりやすく紹介したものです。なかでも眼をひくのは、『日本書紀』の年代記載に対する見解です。前にも述べましたように、六百年ほどずれている(初代天皇の即位は本当は六百年ほどあとになる)というのが当時の学界の通説でしたが、栗山は、「私の説としては六百年縮めても尚都合がわるいのであつて、少くとも一千年は差引かねばならぬと思つてゐる」[44]と、現在の高校の日本史の教科書がとっているのとほぼ同じ見方を、一般向けの本としてはおそらく初めて明記しています。

この本はそれなりに好評でした。この本は「少年史伝叢書」の一巻として出版されましたが[45]、この叢書は日本図書館協会から推奨されており[46]、多くの学校の図書館・図書室や公共図書館に備えられるものだった上に、本人が「好評を博し、私の従来の小著数十冊の中に於て、未だ嘗《かつ》てなかつたほど、全国青少年諸君、又は同好の士より、多くの書状をよせられた[47]」と書いており、しかもこの文が載せられた書物は、一九三三年に同じ出版社から出された大人向けの先史時代の考古学概説書『日本闕《けっ》史《し》時代の研究』でした。同じ出版社から同じテーマの異なる読者層向けの著書が出版できたことは、『少年国史以前のお話』が好評だったという栗山の話を裏づけるものです。しかも、この、『少年国史以前のお話』の出版広告[48]を見ると、少年少女だけでなく、「先生の教授用参考書」とあるように教員も、さらに「一般国民の愛読書としても」とあるように、一般の大人もターゲットとされていたことがわかります。

ただし、栗山は、歴史教育における建国神話の効用を否定していたわけではありませんでした。栗山は『日本闕史時代の研究』の序文で、「国史の巻頭は先づ神話に依て初められ、我等日本人は神の子孫として叙述されてゐる〔中略〕此の立場は然し国民志操とか国民道徳とか又は国民教育の上より都合よき方法[49]」とも述べ、小学五年生向けの国史教科書の解説書でも神話を史実とする前提で叙述しているからです[50]。

ところで栗山は、国史教科書の解説書を出していることからわかるように、考古学者ではなく、京都師範学校卒の小学校教師でした。しかし次第に著述業が本業となり、著述の時間を作るために小学校の音楽（唱歌）の専科教員に転じています[51]。生涯に、日本史、歴史哲学、考古学、教育論、歴史と地理の教科教育から音楽まで、子ども向けから専門家向けまで、幅広いジャンルの本を三〇冊近くも著した[52]人物でした。

以上のように、学校の外では、建国神話の意義を否定するような議論はありませんでしたが、建国神話を史実とみなすような議論もありませんでした。専門書はもちろんのこと、教員資格試験や教員の参考書とされる書物さえ、少なくとも学者やそれに準ずる人（栗山周一のような）が書いた歴史書で建国神話の史実性を肯定しているものはなかったのです。学校の外では、建国神話は大事であるが、あくまで神話で史実ではないというのが常識だったのです。

二　教室のなかではどうだったのか？

さて、第一次世界大戦前後の世界の状況をふまえた反体制運動防止の観点から、史実という前提での建国神話の叙述を大幅に増やした第三期の国定国史教科書ですが、教室のなかでどのように受け止めるべきとされ、実際どのように受け止められたのでしょうか[53]。

建国神話を事実として教えよ

第三期国定国史教科書が使用開始となる直前の一九二一（大正十）年三月、小学校教員向けの雑誌『小学校』に、東京女子高等師範学校附属尋常小学校の教員中野八十八の論文「尋常小学国史に於ける神代の取扱」が掲載されました。(54) 掲載時期と題名から、新しい教科書の具体的な取り扱いについて、広く小学校教員たちに指針を与えるために、モデル校の教員が書いたと判断できます。このなかで、中野は建国神話について、次のように大変重要なことを述べています。

神話伝説を単に神話伝説として取扱つたのでは余程までに其価値は減殺されるのは理の当然である。今回改訂の国史教科書は神話伝説に関する材料が全課を通じて極めて多量に採択してあるが〔中略〕よろしく之等材料を事実化し、信念化して教へよとの趣旨に外ならぬ。〔中略〕例へ或部分に疑念あるとするも〔中略〕改訂の国史は精選に精選を加へて国民的信念中の粋を蒐録《しゅうろく》したものであるから安心して事実化し信念化して取扱つて然るべきである。特に神代初発の教授に於いて余りに知的に取扱つたり、疑念を持つて授けたりしては大変だ。〔中略〕飽くまでも神話伝説の内面的信念に触れて神々しく取扱つて頂きたい。(55)

つまり、子どもたちが建国神話を事実ではないと感じないよう、事実だと思い込むように教えよと言っているのです。この論文は、翌年刊行の中野の著書『実験に基ける人物中心主義国史教育の実際』[56]に収録されますが、注目すべきは、第三期国定国史教科書の執筆者である藤岡継平が推薦の序文を寄せていることです。つまり、中野の見解は教科書執筆者も認めるところだったのです。

ちなみに、この中野の著書では、教科書の本文に即して、教授上の注意点が詳細に解説されていますが、建国神話の部分の注意すべき点をどのように教えるかということについては、細部に立ち入るなという言い方が多く[57]、具体性を欠いています。

「純正史学」と「応用史学」

一九二一年十月に刊行された藤田藤平『編纂趣意書の解説を主としたる 新国史教科書の考察と活用』も注目すべき内容を含んでいます。藤田の経歴は残念ながらよくわからないのですが、序文にあたる「例言」に、藤岡継平と知り合いだと書かれていること、「我が教育界」という文言があることから[58]、師範学校の関係者と推測されます。

藤田は、「純正史学の任務」は、「正確なる史料に基いて、過去の事実を表裏より穿鑿《せんさく》探究して、錯綜暗黒の事蹟を解説し、有りの儘を明瞭にして、些《いささか》の斟酌虚飾を加へず、複雑錯綜せる因果の関係を闡明抉剔《けってき》する」ことで、「世俗の非難誹謗《ひぼう》を意に介せず、飾らず隠さず、偽らず阿《おもね》らず、事実有りのまゝを赤裸々に明かにする」べきなので「国境も政策もない」が、「教育における応用史学」は、「何処迄も教育の目的、教育の理想に依つて慎重に考慮されねばならぬ〔中略〕応用史学として其の根底を教育に置かねばならぬ」ので「終始国境的で政策的」だとします。その上で、小学校の歴史教育の目的を、「純正史学の教授ではなく、国民精神を陶鋳《とうちゅう》すべき教育的歴史で〔中略〕善良なる日本国民たる志操を養成するにある」と定義しています。歴史学と歴史教育を完全に分離し、歴史学は史実を明らかにする学問で、歴史教育は歴史を手段として国民を養成する行為と定義しています。

その上で、「伝説・神話」は、「科学的史学的考慮の上からは左程《さほど》まで価値のないもの」だが、「我が国民の思想感情及当代の時代精神が包含されてゐる所から、精神教育上少からざる貢献がある」とし、「児童に取つては別に不思議も起さず、事実として之を聴取感動するのであるから教師の方から別に穿鑿してかゝる必要はない〔中略〕伝説であるとか――真偽は分らぬとか口をすべらせては折角興起した感情を没却し」、「伝説の教育的価値は殆んど減殺されて仕舞ふ」ので、「之を事実化して取扱ふ」べきだと主張しています。(59) やはり事実として教え、そのためには余計なことは言うなとしています。

中野の同僚(60)である山田義直も教師用指導書で「歴史の教育は史実を真なりと信ずることによつて成立つものである。我が国の建国の神話に対しても亦《また》此の態度を以て進まねばならぬ」と主張しています。(61) いずれにしろ、教師用指導書はおおむね建国神話を事実として教えよという点で一致していたわけです。

ただし、そうすることの目的は、第一講の藤岡継平の文章にあったように、反体制運動を抑えることにあり、他の国に対する優越感を植えつけようとするものではありませんでした。一九二三年に初版が出た志垣寛『文化中心 国史新教授法』(62)は、「美《う》はしい人類愛の上に立つ国際主義の思想が芽ぐんできた。吾等は国史の上に於て幾多の対外関係を学ぶのであるが〔中略〕我国の歴史を眺め且《か》つこし方の教授ぶりを顧みると余りに敵愾心《てきがいしん》をそゝるが如き教授に偏してゐた〔中略〕国際主義教育の提唱、こはまさに近き将来に於ける世界の欲求〔中略〕真の国際連盟は只《た》だ教化の力にまつ外はない」(63)と、国際協調主義に基づく日本史教育を提唱していますが、この書物に校閲者として名を列ねているのが藤岡継平なのです。藤岡がチェックした上でこのような文章が公刊されたわけですから、少なくとも藤岡にとっては、反体制にならない限りでなら国際協調主義は問題ない、あるいは望ましいものだったのです。

さて、第三期の国史教科書については、「あの難解な文語文が、やさしい口語文に改められたゞけでも、可憐な子供にとつて、どれ程幸福なことか〔中略〕言はゞ子供向の童話式に編まれた一の歴史物語〔中略〕今までの時代本位式を人物本位に改め〔中略〕具体的人間の活動舞台から眺めさして、時代観念を作らうといふ魂胆」は、従来の教科書の「雲を摑む様な抽象的時代観念の養成法に比ぶれば、数等上々策」と、好意的な評価がある一方で、「史実に忠実でない」「冗漫で不統一」「代表人物に禍されて、時代の文化史的全面が閑却されてゐる……てな酷評が所に依つて大分高潮されてゐる」と、評価が分かれる形となりました。(64)

特に建国神話の部分については、ある小学校の校長先生が、「我が国体と相容れざる種々過激思想が頻々として流入し、之を軽率にしかも誤って受容する徒が、往々にして飛び出づる今の世に於て」、つまり反体制運動防止の観点から、「神代史教授は国民教育上最貴重最必要」で、かつ「国史なる一教科の学習の第一歩は尋五の「第一天照大神」即ち神代史」、つまり国史学習の最初の題材という理由から、「神代史教授（神話の取扱）が如何に重要であり、注意を要すべきであるか」とその重要性を説きつつ、第三期「国定教科書の不備」として、「材料不足」「文章の不備（荘厳雄大崇敬憧憬等の方面よりながめて）」「挿絵の不足」を指摘しています[65]。

そして、第三期の教科書のために書かれた教師用指導書は、建国神話の課を教授することの難しさを浮き彫りにする内容となりました。

建国神話教授の難しさ

たとえば、一九二二年に山口県の師範学校の附属小学校の教員たちが書いた指導書では、「神話の取扱方」について、まずは、「飽くまで伝説とし説話としたい」とし、「神話に解剖的説明を加へたり、批評的に或は彼此と断定を下す如きは甚だ危険〔中略〕故に伝説としての説話の中に自ら皇室尊崇の信念や国民的思想を児童の脳裡に深く印象させねばならない」と、余計な説明をせずに物語として教えよと説きます。

ところがその次に、「神話を事実化して内面的信念に触れた取扱ひがしたい」と矛盾した方針が示されます。すなわち、「新教科書の神話は国民的信念中の粋を蒐《あつ》めたのであるから、安んじて事実化し信念化して取扱ふべき」で、「若し教師に深い研究と信念がなかつた時、説話が虚構らしくて児童に及ぼす感化の恐るべき事」とし、「三千年の過去に於てかしこくも「神勅」として現存せしやに関する疑義は、記紀が奈良朝時代の編纂にかゝるものである事から来る」が、「事実我建国の当初から其の精神は現存してゐたのである事を了解させなくてはなら」ず、「世界広しと雖もかゝる大理想を以て肇造せられた国家はない、実に我が国体の特異と其の基礎はこゝにある事を感得させて、神勅に関する尊厳と確固たる信念とを得させなくてはならない」と、やはり事実として教えよという話になっています。この部分、さきにみた中野八十八の「尋常小学国史に於ける神代の取扱」とほぼ同じ内容で、常識的に考えて、中野論文をほぼ引き写したものです。

その結果、「高天原」については「余りに地理的説明をしない方がよい」が「それだけではどうしても満足しない子供もある、殊に彼等は既有の知識もあるので頻りに追究するのであるが」、学者の間でも、大和（奈良県）、伊勢、富士山、朝鮮、南洋（今の東南アジア）、インド、ギリシャ、メソポタミアなど諸説があり、「其の所在が地理的に不明であるのが当然で、而もそれ程宏遠である我が国の歴史は実に尊いと言はなければならないと十分に納得させなければならない」[66]と教師に注意を喚起します。しかし、結局のところ、どうしたら生徒を納得させられるかの具体的方法は示されず、信念を持てばできると説くだけです。これでは教師は建国神話の課の授業の方針も方法も立てようがありません。

これに対し、具体的な教授法を示したのは、さきほども出て来た中野八十八です。中野は一九二四年刊の著書『新国史至難教材の究明と躍動』で、まず、「我が国の神話は、我が国民道徳の淵源する所、我が国体の由来する所として我が国史教育上最も重要視すべき」とした上で、教授法として、「歴史に対する畏敬の念を養成することを基礎とする主義」を提唱します。

中野が行った実験授業の様子はこうです。授業で子どもに生まれたころの自分の写真を持ってこさせ、問答を重ねることによって一〇年間（建国神話の課を学習するのは五年生ですから）の変化に気づかせた上で、「今若し百年前の人の話をすれば何《ど》うであらうか」と聞くと、子どもは「そうね、十年の十倍だから先生それは此の写真を見て不思議であつた十倍位におかしいと思ひます」と答えます。そこで「年代図を示しつゝ、二百年、三百年五百年千年何うだ」と問いかけると、子どもは、「先生！ もうさう遠方になつて来ればトツテモ面白いことがあるでせう。といふ極地に入つた」のだそうです。

中野は、この実験授業の結果を、「現在から史上の事物を眺めると、非常な相違があるので何だか変だが、其の時代からみれば、それが真実だといふ頭、換言すれば事実化して事物を考察する基礎観念が出来た」と自画自賛しています。

ただし、この方法を実行する上でも注意すべき点があると言います。一つは、「信念を以て話すこと」で、「神話が荒唐無稽に響いたり神秘的に聞えるやうでは神話の価値は半減する」からです。もう一つは、子どもの質問には寛大に対応し、「半ば児童の理性に訴へ半ば信念に訴へるやうにして、納得の行くまで親切に指導して行くこと」で、「何といつても現代文化に生活」し、「空に飛翔する飛行機を居ながらにして見ることの出来る時代の子供に、神秘不可思議なる八咫烏の飛ぶ神代の歴史を授ける」からです。

結論としては、「半信半疑の態度であつたり、児童の心理を無視するやうなことがあつては折角文部省が骨を折つて思切つて力を入れた神代の教授は惜《あた》ら失敗無常の風に葬られなければならぬ」ず、「神代教授の失敗は歴史全体の失敗」だから「余程注意しないといけない」と言います(67)。この中野の文章は、大人の常識として事実とは信じられない話を事実として子どもに教えるという矛盾した行為がいかに困難なことなのかがわかります。

切実な悩み

実際、「まだ〳〵我教育界では此国民精神の源泉たる神代史を等閑視してゐる傾があることは甚だ遺憾に堪へない。中には神話伝説は所謂云ひ伝へなるが故に史実でない。随つて現今の科学と相容れず常識と違つてゐるから之を教授する要なしと云ふが如き暴論を吐く人もある」という指摘(68)や、「教授者神代史教授の識見信念に乏し」いため、「一般に之を軽視する傾向」や「神代史及神話研究の不足」「神話取扱ひの誤解＝歴史的理智的説明をなすもの」があるため、「短時間に切上ぐるの弊」や「敷衍附説少なく教科書のまゝの取扱」や「「悠久の神代知るべからず」と逃ぐる傾向」があり、「児童の質疑に対する教授者の答解の曖昧不鮮明」な教師が多いという指摘(69)

もあります。こうした指摘が複数あるということは、小学校の日本史学習の冒頭に置かれた建国神話の課をおざなりに済ませてしまっている教師が決して少なくないことを示しています。しかも、真面目に建国神話を教えてみても、深い悩みに襲われる教師もいました。少し長くなりますが、ぜひその切実な思いを読んでみてください[70]。

私は神代の歴史を教ゆるたびに、いつも心を痛ましめるものであります。勿論私は神代の歴史を否定しやうなどといふ考は毛頭もつて居りません。我が建国の歴史を心から信じて少しも疑はないものであります。けれども天の岩屋におかくれになつたといふ話や、八岐の大蛇の話、高天原や天孫降臨のお話をするたびに、いつも心が痛むのであります。〔中略〕教場でも力をこめて面白く之を話し、児童も面白く之をききます。〔中略〕しかし……それは丁度昨年のことでした。「先生、まだ出雲にはそんな蛇が居りますか。」とか「天から降りるつて落つこちはしませんか。」「先生、飛行機ならいゝですね。」などといふ質問が後から出てきまして、ハッと思ひました。その時私はあゝして無邪気に素直にこの話をうけ入れてゐるけれども、少し大きくなつて理性で考へ論理的な推考をなすやうになつてきた時、「あれは嘘だよ。話だよ。」と、きつと思ふに相違ない。さうした時、史実の架空的なことや不合理なことの僅かに存在することから、全体を否定する——とまではゆかなくともある点まで疑の眼をもつて見るのではなからうか。神代を軽視するのではないだらうか。〔中略〕何とかいい方法はないものでせうか。

これが、史実でない話を、史実を話題とするはずの歴史の授業で史実として教えなければならない矛盾からくる心の叫びでなくて何でしょうか。

そんな心配はいらないという声もあります。ある教師は、「A　神話とはどんなものか　B　世界各国の太古建設は皆神話より始まること　C　神話時代と有史時代と其中間時代との説明　D　我が国の神話は世界無比なること　E　神代の話は我国民にとりて最貴重最重要なること　F　神話研究には二方面あること　G　神話を神話として見る教育的価値、尚神話を歴史的事実（人事的実在）として見たる、又は比較神話学上より観たる一例について説明」した上で教科書に入れば、「先生まだ出雲にはそんな蛇が居りますか」という質問で困ることはないはずで、「「論より証拠」私は二十余年間嘗《かつ》て一度も困ったことがない」と断言します[71]。

しかし、すべての教師がこのような高度な説明を上手に子どもたちにできた訳ではありません。大体小学校教師の半数は、教師として十分な教育を受けたとは言えない代用教員なのですから[72]。

「全国訓導歴史協議会」、つまり歴史教育について全国から校長級の教師が集まって行われた研修会のような会合で、「最も花火を散らして議論されたのは神代史の取扱」でした。ある出席者が、「神託が現実の問題となつた時、科学の洗礼をうけた児童が幻滅の悲哀を感じないだらうか、悲哀と懐疑の心から我が国の真価を疑ひ、却つて教育そのものを破るものではなからうか」という「痛切ななやみ」から「神話を合理的に取扱ふべき」と主張したのですが、これに対し三人の参加者が、「真向から反対論を試み」、「神代史が教育的に価値ある所以は、わが国家理想の現れであり、我が国民の人格であり、理想であり、信仰であるとみる点に存してゐる。而して神話の性質を顧みず、古代人の心理的発達を無視して、自然科学的解釈をとるべきでない。即ち精神科学的解釈をとり、不合理を不合理とせずしてその精神にふれるやう導くべき」ということに落ち着きました。(73) やはり、事実ではないという教え方はしてはいけないという壁を超えることはできないのです。

教え方は模索状態

しかし、「精神科学的解釈」の具体的な教授方法は依然模索状態でした。一九三二年に出版された「全日本師範学校附属小学校国史科主任諸先生の総動員的御執筆」による「即座に役立つ教授案書・指導案書の最高権威書」では、まず、「神代史は有史以前の神秘的な伝説である以上、之れを人間の事蹟を記した歴史に対すると同様に、科学的態度を以て合理的に説明しようとすることは、全く誤つた方法」なので「神話はあくまでも神話として之れを素直に受入れ、其の内なる精神、或は其の核心を把捉せしむる所に神話の生命があり、価値が存する」という前提を立てます。その上で、授業で本題に入る前に次のように説明することを勧めています。

何分にも大昔の事は判然しておらぬ。そのお話の中には今の人々が聴いてみると、どうも不

思議な話が多い。けれども、どんなに不思議な御話でも、神代のお話は、よく〳〵聴いてゐる

と、何だか尊く、有り難く、感ずるものである。殊に今日から学習する天照大神初め、其他の神々様の行はれた事柄は幾千年の後の今日まで、尚新しく続いてゐる為に、私共が此れを疑はうと思つても、決して疑ふことの出来ないお話もあります。

ですが、これで中野八十八のいうように「空に飛翔する飛行機を居ながらにして見ることの出来る時代の子供に」「納得の行くまで親切に指導」できたと言えるかどうか。

なお、この本では、神武天皇の課についても、「八咫烏の嚮導といひ、金鵄《きんし》の霊祐といひ、皆これ天が天皇の建国の大事業を助けらるゝ天祐と見るの外ない。理知を超越したかゝる神秘の世界を、自然科学的な理屈によつて説くことは慎むべき」だとか、「那珂博士等によつて説かれてゐる我が紀元年数の誤謬《ごびゅう》論などは、こゝでは決して持ち出してはならぬ。これ徒《いたず》らに年少の児童をまどはしむるのみにて、何の益もないから」などとあります。そもそもこの本には、「近年我国に於て西暦紀元を用ふることが流行し、我が光輝ある皇紀を軽んずるものあるが慨嘆に堪へざる所、教授者は心して取扱ふべき」と書かれており、小学校の歴史教育で使われる皇紀は一般社会ではあまり使われていなかったことがわかります。(74) 前の節でみたように、このころには『日本書紀』と実際の年紀は一〇〇〇年ずれていると主張する子ども向けの本まで出ているというのに。

「神話を神話として扱う」というのはこの時期の教師用指導書の決まり文句ですが[75]、その方針を具体化した、全国の教員が安心して使えるような教授法はなかなか生み出されません。それもそのはず、歴史教育における建国神話は、史実ではないことを史実として教えることが前提とされた実に困った教材だったからです。

そのことは教わる側だった人の回想にもうかがえます。歴史学者の家永三郎は、一九二〇年の尋常小学校入学組なので、第三期の国史教科書で授業を受けた世代です。家永は、「どうしてこのような常識で考えてもあり得べからざる神話を、何の疑いもなく受け入れたのか、そのころの心理状態は、自分ながらよくわからないが、少なくとも私の周辺に、こういう事実に対して疑問をもつ友だちはいなかった」が、中学校に進学直後に、さきに紹介した西村真次の『大和時代』を読み、「初めて学校で習った歴史が、およそ客観的な歴史とは違っているということを知って、大きな驚きを覚えた」と回想しています[76]。まさに小学校卒業後、懐疑心を持った事例です。

また、昭和初期に小学校に学んだ人の回想では、「国史の授業はおもしろく、次の国史の時間が待ち遠しかった。いろいろな人物が次から次へと登場して、いろいろな事件が展開していくのは〔中略〕何もかも新鮮でおもしろく、ぼんやりしておれない興奮と緊張のうちに、五十分の国史の時間はあっという間に過ぎた。〔改行〕忠君愛国の士が登場する度に、自分も将来こういう立派な人物になろうと思い、不忠極悪の賊臣の登場には、限りない憎悪の念をぶつけた」けれども、天照大神が「なぜいちばん偉いのかは合点がいかなかった」し、「天壌無窮の神勅」を覚えさせられたものの、「神代の歴史」は「半信半疑」だったと回想しています。[77] これまでの同時代の教師たちの認識からすれば、この二つの回想は、戦後ゆえの創作とは言いがたいのではないでしょうか。

学校の外では、建国神話の政治的意義は認めながらも、史実そのままではない、政治的な建前や理想を表現したお話だという醒めた認識が広まりつつありました。しかし、学校のなかでは、建国神話は史実として教える建前とされました。小学生の子どもたちにはそうした使い分けというか割り切りはできないという理由です。しかし、先生たちはおびえていました。いつかその嘘がわかった時、子どもたちは教師を、ひいては国家を信じなくなるのではないかと。しかもその矛盾を解決してくれる妙案はありません。「信念」、つまり気合いだけが頼りなのです。第一講の最後でふれたように、建国神話自体は修身や国語で二年生から扱っているにもかかわらず、このようなことになるのは、繰り返しになりますが、「国史」が本来は事実としてあったことについて勉強する科目だという暗黙の前提が教師にも児童にもあるからなのです。

実際、中学生になってから、あるいは教わる時点からわだかまりを抱く子どもたちがいましたし、それを想像してひるんでしまい、気合をみなぎらせる自信もなく、国家や識者からは最重要だとされる建国神話の課を簡単に済ませてしまう教師もたくさんいました。

このように、国家存立の前提条件についてモヤモヤしたままの「帝国日本」、一体どうなっていくのでしょうか。

注

（1）以下、小説の引用は、『鷗外全集』第一〇巻（岩波書店、一九七二年）六五〜六六、七一、七五〜七六頁。

（2）この小説の時代状況や歴史哲学との関係については、堀井一摩「神話の「抹殺」、「抹殺」の歴史――『基督抹殺論』と「かのやうに」における近代史学」（『言語情報科学』一二号、二〇一四年）。

（3）マーガレット・メール『歴史と国家――一九世紀日本のナショナル・アイデンティティと学問』（東京大学出版会、二〇一七年）一一七〜一二一頁。

（4）久米邦武「神道は祭天の古俗」（『史学会雑誌』第二編第二三〜二五号、一八九一年、『史海』八巻、一八九二年一月号に転載、前掲『歴史認識』）四四六頁。

（5）同右四五〇、四五二頁。

（6）同右四五四頁。

（7）「神道は祭天の古俗」の「解題」（田中彰・宮地正人校注『日本近代思想大系13　歴史認識』岩波書店、一九九一年、以下『歴史認識』）四四五頁。途中の田口の意見の引用は同書四四六頁より。

（8）前掲『歴史と国家』一六二頁。

（9）「国家の大事を暴露する者の不忠不義を論ず」の「解題」（前掲『歴史認識』）四六六頁。

（10）「国家の大事を暴露する者の不忠不義を論ず」（同右）四六八〜四六九頁。

（11）前掲『歴史と国家』一六三頁。

（12）「久米邦武氏ニ質ス」の「解題」（同右）四六九頁。佐伯の略歴は同書四七〇頁。

（13）佐伯有義「久米邦武氏ニ質ス」（同右）四七〇頁。

(14) これ以後、大学に属する歴史学者たちは学界に閉じこもってしまったとされてきた(宮地正人「幕末・明治前期における歴史認識の構造」〔同右〕五五九頁。のちに、同『天皇制と歴史学――史学史的分析から』〔本の泉社、二〇一九年〕に収録)。しかし、そうではないことが最近の研究で明らかになりつつある。その例として、廣木尚「黒板勝美の通史叙述――アカデミズム史学による卓越化の技法と〈国民史〉」(『日本史研究』六二四、二〇一四年)、同「日本近代史学史研究の現状と黒板勝美の位置」(『立教大学日本学研究所年報』一四・一五号、二〇一六年)など。本書もこれらに多くを負っている。

(15) 津田の学問の全体像とその歴史的意義についての包括的研究は、本書執筆時点までは家永三郎『津田左右吉の思想史的研究』(岩波書店、一九七二年)しかない。同書は、事実関係を詳細に明らかにした点と、津田の思想の同時代での位置づけに眼を配ろうとした点で大いに参考になる。しかし、津田の思想が大正デモクラシー的なものから戦後は保守主義に転換したという同書の結論(五九〇~五九二頁)は、現在の研究水準に照らせばいささか単純に過ぎ、再検討が必要である。

(16) 津田左右吉『神代史の新しい研究』(二松堂書店、一九一三年)六頁。

(17) 同右一九七~一九九頁。

(18) 同右二五一頁。

(19) 同『文学に現はれたる我が国民思想の研究――貴族文学の時代』(洛陽堂、一九一六年)一五頁。

(20) 同『古事記及び日本書紀の新研究』(洛陽堂、一九一九年)五三六頁。

(21) この点については、前掲『記紀神話と王権の祭り』新訂版の八頁を参照。

(22) 前掲『津田左右吉の思想史的研究』第二編第一章。

(23) 前掲「日本近代史学史研究の現状と黒板勝美の位置」二八頁。

(24) 黒板勝美『国史の研究』総説の部(文会堂、一九一八年)「小叙」一~二頁。

(25) 同右『国史の研究』各説の部(同右、同年)二~四頁。

(26) 以上二つの引用は、同右五、一一頁。
(27) 教育週報社『明治大正教育教授物語』(モナス、一九二九年) 一〇一頁。
(28) 斎藤斐章『日本国民史　上巻』普及版第一冊 (賢文館、一九三五年) の裏見返し同書の広告に、「文検受験者にも絶好の書」とあり、小中学校の教師や教師を目指す人々向けの雑誌『最新史観国史教育』の一九三六年一月号に掲載された文検受験参考書の紹介記事「史学入門　中心精読参考書解説 (一) 日本国民史 (斎藤斐章氏著)」には、「国史の参考書を選定する時に、斎藤斐章先生著「日本国民史」(宝文館発行) を先づ第一に挙げることは、何人も異存ないところ」(九八頁) とある。
(29) 以上、斎藤斐章『日本国民史』(培風館、一九二〇年)「原拠史料」三頁、本文八一～八三頁。
(30) 安藤正次『日本文化史第一巻　古代』(大鐙閣、一九二二年) 二頁。
(31) 出版社が而立社に変わっている。
(32)「読書界　改訂増補　日本文化史　古代 (安藤正次著)」(『東京朝日新聞』一九二五年七月十二日付朝刊七面)。
(33) 前掲『日本文化史第一巻　古代』(一九二二年刊の方) 一六七～一六八頁。
(34) 同右八九～九三頁。
(35) 西村真次 (監修坪内逍遥)『国民の日本史第一篇　大和時代』(早稲田大学出版部、一九二二年) 三二七～三二八頁。
(36) 同右五一九～五二〇頁。
(37) 前掲『津田左右吉の思想史的研究』では、津田を除く記紀神話の批判的学説の数少ない例として本書が評価されている (三一一～三一四頁)。ただし、西村の主張がさらに思い切ったものに発展することは、このあと記す通りである。
(38) 三徳社から刊行された。説が言及されているのは同書一五〇頁。同書一三四頁によれば、石川が最初この説を唱えたのは大正初年のある雑誌掲載の論説だという。

(39) 国会図書館蔵の同書四刷（一九二三年刊）の奥付による。

(40) 以上、引用は西村真次『日本文化史概論』（東京堂書店、一九三〇年）一〇三〜一一二頁。

(41) 西村真次『日本の神話と宗教思想』（春秋社、一九二四年）二、一〇〜一一頁

(42) 文学博士三浦周行校閲、東京開成館編纂所編『国史解説』（東京開成館、一九二九年初版、一九三五年訂正二版）一、一一頁。本書の書名に「解説」の字句があり、「はしがき」に、「凡そ教科書は骨格が大切でありますから、その結果、やゝもすれば肉付けが十分でない」ので「よくこれに血肉を与へ、歴史教育の真諦を発揮させるために」、「有力な参考書の必要なことは申すまでも」ないことが「本書の目的」とし、「初版発行に当つては、文学博士三浦周行先生の御懇篤なる御校閲を仰ぎ、且又多年中等学校に於て国史教育に専念せられた諸先生の周到なる御指導をいたゞいた」とあることからわかる。

(43) 栗山周一『少年国史以前のお話』（大同館、一九三二年）一〜二頁。

(44) 同右一四頁。

(45) 栗山周一『日本闕史時代の研究』（大同館、一九三三年）自序八頁、『東京朝日新聞』一九三二年十一月三十日付朝刊五面の大同館の出版広告。

(46) 『東京朝日新聞』一九二九年一月二十九日付朝刊一面の大同館の出版広告。前掲『少年国史以前のお話』巻末の出版広告。

(47) 前掲『日本闕史時代の研究』自序九頁。

(48) 『東京朝日新聞』一九三二年十月三十日付朝刊一面の大同館の出版広告。

(49) 前掲『日本闕史時代の研究』自序四頁。

(50) 栗山周一『新制小学国史の勉強』尋五学年の巻（大同館書店、一九三四年）一〜一二頁。

(51) 安本美典「忘れられた歴史家　栗山周一」（『朝日新聞』一九七九年十一月二日付夕刊二面）。なお、

松嶋哲哉氏（本書執筆時点で日本大学通信教育部通信教育研究所研究員）のご教示によりこの記事の存在を知った。お礼申し上げたい。

(52) 国立国会図書館 NDL ONLINE で「栗山周一」で検索すると、二六冊の著書が確認できる（二〇一九年七月十四日閲覧）。

(53) なお、教育史の分野では、敗戦までの日本の初等教育における歴史教育について、教科書の内容や執筆意図、教育方法についての研究は多数あるが、教育の実態についての研究は皆無に近い。この問題については、香川七海が「研究倫理をめぐる未来との対話と葛藤」（『質的心理学フォーラム』七号、二〇一五年）一〇二～一〇三頁において「天皇制公教育を中心とするファシズム的な教育システムに関する〔中略〕実態を検証しようとする質的研究など、ほとんど皆無に近い状況にある。実際のところ、過去の天皇制公教育が、民衆にいかなるメンタリティを獲得させることとなったのか、民衆は、いかなる生活世界を生成していたのかということが明らかにされていないために、結局、「あの時代がなんだったのか？」という素朴な問いについて、今日の我々は「生きられた経験」にもとづく知見を得ることが難しくなってしまった」と指摘している。

(54) 東京女子高等師範学校訓導中野八十八「尋常小学国史に於ける神代の取扱」（『小学校』一九二一年四月号）。当時の学校制度において、訓導は小学校の正教員のことであるから、本文では附属尋常小学校の教員と記載した。また、当時においても雑誌は表記月の前月末刊行が普通なので、本文のように記述した。

(55) 同右二一頁。

(56) 文部省図書監修官藤岡継平による序文は、東京女子高等師範学校教官中野八十八著『実験に基ける人物中心主義国史教育の実際』（培風館、一九二三年）の巻頭に、前掲「尋常小学国史に於ける神代の取扱」は「第十一章　神代取扱の精神」として収録された。

(57) 同右一八四、一八八頁など。
(58) 藤田藤平『編纂趣意書の解説を主としたる 新国史教科書の考察と活用』(大同館、一九二二年)「例言」四〜五頁。
(59) 以上、前掲『編纂趣意書の解説を主としたる 新国史教科書の考察と活用』九二、九四、九七、一二〇〜一二二頁。
なお、歴史学を研究と教育に分けて考えた最初は、坪井九馬三「史学に就て」(『史学雑誌』第五編第一号、一八九四年)で、研究は「純正史学」「政治」や「徳育」で使う場合は「応用史学」という意義づけであった(廣木尚「一八九〇年代のアカデミズム史学」〔松沢裕作編『近代日本のヒストリオグラフィー』山川出版社、二〇一五年〕八七頁)。その後も坪井『史学研究法』(早稲田大学出版部、一九〇三年)や喜田貞吉『国史之教育』(三省堂書店、一九一〇年)など、類似の議論がなされる例があったので、藤田はそうしたことが念頭にあってこうした議論を展開したのであろう。中野弘喜「史学の「純正」と「応用」——坪井九馬三にみるアカデミズム史学と自然科学の交錯」(前掲『近代日本のヒストリオグラフィー』)、田中史郎「喜田貞吉の「歴史教育=応用史学」論の性格とその歴史的位置——歴史観・歴史研究・歴史教育」(『岡山大学教育学部研究集録』三九号、一九七四年)も参照。
(60) 前掲『明治大正教育教授物語』一〇五頁。
(61) 山田義直『尋常小学国史の解説と取扱』上巻(目黒書店、一九二二年)二頁。
(62) 藤岡継平校閲・志垣寛『文化中心 国史新教授法』(教育研究会、一九二三年)ここでは国立国会図書館デジタルコレクションにある一九二五年刊第八版を使用しているが、奥付に改訂等の文字がないので、大筋で内容に変更はないとみなした。
(63) 同右七八、八五〜八六、八九頁。
(64) 前掲『明治大正教育教授物語』一一二〜一一四頁。

(65) 歴史教育研究会選「応募 如何にして尋五の国史教授に入るべきか」(『歴史教育』一九二七年四月)「入選 広島県豊田郡忠海小学校長松浦正彦」九三〜九四頁。

なお、この『歴史教育』は、「渾沌帰趨するところなきが如き現代の世相を観視する時、健全なる国民精神の涵養を思ふこと愈々切〔中略〕歴史教育の使命の愈々重大なる事を痛感〔中略〕晩近歴史教育の大勢を通観するに及んで、吾人はそこに更に幾多未解決の問題の遺されて居るのに驚かざるを得ない」という趣旨で(歴史教育研究会「宣言」〔『歴史教育』創刊号、一九二六年十二月〕三頁)高等師範学校や大学の歴史学の教員らが結成した「歴史教育研究会」が一九二六年末に発刊した雑誌である。

(66) 以上、山口県師範学校附属小学校編刊『第十二回協議要録 新教科書の疑義解説』(一九二二年)一〇三〜一〇七頁。市販された形跡がないので、おおむね県下の小学校に配布するために作成されたものと推定できる。

(67) 以上、中野八十八『新国史至難教材の究明と躍動』(天地書房、一九二四年)三、一七〜二一、二八〜三〇頁。

(68) 静岡県師範学校訓導渡辺茂雄『教育思潮の批判に立てる国史教授の本質的研究』(宝文館、一九二五年)一一五頁。

(69) 前掲「応募 如何にして尋五の国史教授に入るべきか」九四頁。

(70) 横田「神代の歴史について」(『歴史教育』一九二七年二月号)九四〜九五頁。

(71) 前掲「応募 如何にして尋五の国史教授に入るべきか」九五〜九六頁。

(72) この点は、松嶋哲哉氏(前掲)のご意見を参考とした。お礼申し上げたい。

(73) 埼玉県師範学校訓導韮塚一三郎「全国訓導歴史協議会にあらはれたる主なる問題」(『歴史教育』一九二七年七月)九一頁。

(74) 以上、初等教育研究連盟編刊『価値観へ・止揚せる 尋常小学国史教授の実際』(一九三二年)序二頁、本文三、一六、一九頁。

(75) 村瀬仁市『国史教授に於ける至難教材の究明』(文泉堂書房、一九三二年)二八頁でも「神話は神話として取扱はんとする」「文化科学的取扱」を奨励している。

(76) 家永三郎『一歴史学者の歩み』(岩波書店、二〇〇三年、初刊一九六七年、三省堂)三二頁。家永氏は一九二〇年に小学校に入学した(同書二二頁)。

(77) 竹内途夫『尋常小学校ものがたり 昭和初期・子供たちの生活誌』(福武書店、一九九一年)一〇五〜一〇六頁。著者の小学校入学は一九二七年である(二九六頁)。

第三講　建国祭と万国博覧会

一　政治にどう活用されたか？

教室のなかで先生たちを悩ませ始めた建国神話ですが、社会のなかではいささか様子が異なっていました。政治や経済の面で、教室での使い方とはずいぶん違う形で活用されていったのです。ここでは、建国神話が持ちえたかもしれない一つの方向性を探っていきます。

建国祭の開始

一九二五（大正十四）年十一月下旬、新聞に「国を挙げて　建国祭の計画　第一回は来年の紀元節　子供には建国団子」という見出しで「永田秀次郎氏が準備委員長、各思想、宗教教育団体の人々が準備委員となつて目下着々その計画を進めてゐる」という記事が載りました。(1) 翌一九二六年の紀元節（二月十一日）に建国祭という行事をやるという計画です。(2) 紀元節は、『日本書紀』にある初代天皇の神武天皇が即位した日を太陽暦に換算した日を祭日と定めたもので、要するに建国記念日です。実際、現在でもこの日は「建国記念の日」として祝日になっていますが、これは戦後一度廃止されたものが一九六六（昭和四十一）年に復活したものです。(3)

記事の見出しに「国を挙げて」とありますが、記事本文にあるように、政府が主催するという話ではないので、「子供には建国団子」ともあることからわかるように、できるだけ多くの国民が参加できることをめざすという意味のようです。

永田秀次郎

この動きの中心人物として見出しに名前が出ている永田秀次郎（一八七六〜一九四三）は、第三高等学校（のちの京都大学の一部）を卒業後、いろいろな寄り道を経て一九〇五年に内務官僚となり、京都府警察部長、三重県知事などを経たのち、一九一六年に内務省警保局長に就任したエリート官僚です。(4) 内務省は、警察を含む地方行政全般を扱う権限の非常に大きな官庁で、内務官僚は官僚のなかでもエリート中のエリート、警保局長は現在の警察庁長官に相当する重要な役職です。二年後に退職したのちは、政府の推薦で貴族院議員となります。

さらに、一九二三（大正十二）年から二四年にかけてと、一九三〇（昭和五）年から三三年にかけての二度にわたって東京市長を務め、一九三六年には広田弘毅内閣の拓務大臣にまで出世します。なお、当時の市長は市議会で候補者（市議会議員でなくても構いません）のなかから選挙する方式で選ばれていました。また、政治家としての活躍と並行して、政治、社会、教育などについて数多くの著作を発表するだけでなく、「青嵐」の号で俳人としても知られ、平易な語り口の随筆や俳句で人々に親しまれました。永田の著作は、大正デモクラシー時代の警察官僚らしく、人々の政治参加の拡大に理解を示しつつ、社会不安の拡大を防ぐ方策を探るという方向性がよく現れています。[5]

十二月七日には、関係者が日本青年館に集まり準備総会が行われました。集まったのは永田のほか、丸山鶴吉（日本青年館理事）、頭山満《とうやまみつる》（右翼結社玄洋社の主宰者）、長岡外史（在郷軍人会長）、高島米峰（評論家）、平沼騏一郎（元法相、のち首相。思想団体国本社主宰者）など約百名でした。[6]ここでいう日本青年館というのは、一九二三年に設立された政府の外郭団体、財団法人日本青年館のことで、全国の青年団の中央組織である大日本連合青年団の本部です。[7]青年団とは、国家への積極的な協力の態度を養うために、社会に出た若者たちを対象に作られた団体、[8]また、在郷軍人会とは兵役を終えた兵士たちを中心とする一種の同窓会です。

永田秀次郎の意図

さて、永田はなぜこうした行事を始めようと思ったのでしょうか。そしてそれは建国神話とどのような関係があるのでしょうか。永田は、第一回建国祭の開催が迫った一九二六年二月、『建国の精神に還れ』という著書を出版しています。[9] この本には、永田が建国祭を始めようとした理由が書かれており、建国神話についてもふれられていますので、一緒に読み解いていきましょう。

序文にあたる部分の冒頭には、一九二五年(原文では神武天皇紀元で表記されています)十二月七日付で次のような「建国祭宣言書」が掲載されています。

皇統連綿、君幹臣枝、億兆心を一にして世々厥《そ》の美を済し、天壌と共に窮まる所なし。万機公論に決するの宏謨《こうぼ》、君民同治、四民平等の大義、総《すべ》て皆帝国肇造の当初より定まる所、王道滔々八紘を光被し之を中外に施して悖《もと》らざるもの、是れ我等が最も透徹せる理解を以て我建国の精神を賛美する所以《ゆえん》なり。〔中略〕今や帝国内外多事、我等の責務洵《まこと》に重大なり。右顧を警《いま》しめ左傾を制し中正堂々建国の精神に更生し、以て時代の病弊を一掃せむ事を期せざるべからず。[10]〔後略〕

内外情勢に対する危機感から愛国心を強めようという目的で発案されたとされていることや、「天壌無窮の神勅」が引用されていることから、建国神話がその愛国心の根拠として使われていることがわかります。注目すべきは、実現すべき理念として、「万機公論に決するの宏謨、君民同治、四民平等の大義」と、どう見ても民主主義が掲げられ、しかも「総て皆帝国肇造の当初より定まる所」と、その根拠もまた建国神話に求められているところです。現在の我々の常識からはだいぶ違いますが、第二講でみた西村真次らの議論の影響であることは明らかです。

そのあとには「建国祭綱領」が掲げられており、「建国祭は日本建国の理想に基き、高明なる国民精神を発揚するを以て目的とす」、「建国祭は、毎年二月十一日を期し、全国民の年中行事として之を行ふ」、「第一回建国祭は、大正十五年二月十一日之を行ふ」とあります。[11] これは建国祭の基本原則のようなもので、恒例化するという意思がうかがえます。

これに続き、永田は、この宣言書と綱領一八万部を「全国各府県知事郡長市町村長、在郷軍人、青年団、少年団、神道仏教基督教其他の教化団体に配布して協力を求め」たとし、同書は「建国祭の宣伝の小冊子」として計画したが、「書中の所見は全たく私の一個の独断に出づるものが多い」ため個人の著作としたと断っています。[12]

建国神話は奇怪

それもそのはず、永田は「有体に白状すれば私の如きも、少年時代には我神話の奇怪なる事を見て、之を無価値のものと考へた」と随分思い切ったことを書いています。しかし、永田は一八七六年生まれで、建国神話が書かれていない歴史教科書さえあった時代に小学校生活を送ったのですから不思議ではありません。ただし、「其後に至り神話は総て其民族の理想を語るものである事を知つて、初めて雲霧の霽《は》れたるが如く、其貴重なる所以を知つた」ので「我々祖先が古代に於て抱懐せる此理想を現代化して、之を今日に適応せしむるは実に我々の責務である事を知つた」としています。ここには第二講の前半でみた、大正期の学界における建国神話認識の影響がうかがえます。

さらに永田は、「建国は天祖に肇《はじ》まるものであつて、神武天皇が唯其天業を再び弘めたものであると云ふ事は極めて明白で何等の異議は無いが、我々は神武天皇御即位の紀元日としての此紀元節を通じて、更に建国の精神を反省する事が最も通俗で且つ常識的」としています(13)。神武天皇の即位日は『日本書紀』に記載がありますが、天照大神が「天壌無窮の神勅」を発した日は『日本書紀』にも記載がなく、知りようがありませんから当然のことです。

さて、ではなぜこの一九二六年初頭において建国祭を始める必要があったのでしょうか。永田は四点指摘します。第一点は、わずか五〇年で英米とともに「三大強国」となったため「俄《にわ》か紳士の成金が世間から憎まれる様に日本も亦世界の憎まれ者である」こと、第二点は、「我国が立憲政治を行つてから既に三十年以上を経過して居るが我国民は果して自治の精神が十分に発達して居るであらうか」として、「政党の不信用なる事実は決して政党其者のみの不名誉では無い〔中略〕政党の腐敗は之を匡正《きょうせい》しない所の国民の責任である」こと、第三に、「工業上に於ては同盟罷業の続発あり農業上に於ては小作争議が行はれる、所謂労働者資本家間の争議に於て互に諒解を欠くの傾がある」こと、第四に、一九二三年に起きた裕仁摂政（のちの昭和天皇）の暗殺未遂事件（虎の門事件）をふまえ、「我国体に対する理解に就て、十分之を徹底せしめて置く必要がある」ことでした[14]。つまり、具体的な内外情勢にもとづく危機意識が背景にあったのです。

万機公論は建国神話から？

ついで永田は建国神話の（当時における）現代的意義を説明していきます。『日本書紀』の神代史の巻で、天照大神が岩に隠れてしまった際、天照に戻ってきてもらうため、八百万の神々が評議の上、岩の前で歌い踊り、天照を戻すことに成功した話を材料に、永田は、このように先祖は「神代の昔から物に屈託せず極めて楽天的で」「努力して自己の運命を開拓し来つた」のだから、我々も「今日内外多事の秋《とき》に際しても」「深く自ら信じ自ら努めて自己の運命を開拓すべきで」、そのために「建国の精神に還れ」と叫んでいるとします。

その上で、「神話なるものは、世界の何れの国の神話を見ても総て現代の理屈に合つて居」らず、「皆其国民の理想を語り嗜好を語り希望を語つて居る」点で「神話は実に貴重なる価値を有する」[15]とします。これは第二講で見た安藤正次『日本文化史第一巻　古代』の主張そのままです。

さて、永田は「理想」の例をいくつか挙げていきます。そのなかで、さきほどみた神々の評議について、「我神話に於ては、万機公論に決すべしと云ふ理想が明瞭に表はれて居る」とし、「神代に於ては我々の祖先は凡《すべ》て皆神である、神に上下の隔ては無い、総て平等の資格に於て評議に参加し献策した」と言います。これもまた、第二講でみた、石川三四郎や西村真次らの議論をふまえたものであることは一目瞭然です。

そして永田は、建国神話の現代的意義を、「我建国の精神は第一に平和を好愛する高明なる心事を理想とし、第二に大義名分を正うする事、第三は万機公論に決するの理想、第四に君民同治四民平等の理想」であり、これは「之を古今に通じて謬《あやま》らず、之を中外に施して悖らざるもの」と教育勅語の字句によって権威づけ、「我々は此精神を時代に適応して運用して行かなければならぬ」(16)と結論づけます。

「万機公論に決する」とは一八六八(慶応四)年の有名な五箇条の誓文の一節、「君民同治」は、さきほどみた一八八九年に大日本帝国憲法が発布された際に出された詔書の最後の一節、「朕我カ臣民ハ〔中略〕朕カ事ヲ奨順シ相与ニ和衷協同シ〔中略〕祖宗ノ遺業ヲ永久ニ鞏固《きょうこ》ナラシムルノ希望ヲ同クシ此ノ負担ヲ分ツニ堪フルコトヲ疑ハサルナリ」(17)、つまり国民は自分と協力して日本を栄えさせていくはずだ、という文言をふまえたもので、「四民平等」は、一八七二年の徴兵告諭に「四民漸ク自由ノ権ヲ得セシメントス是レ上下ヲ平均シ人権ヲ斉一ニスル道」とあること(18)にもとづくものと考えられます。

永田は、社会の動揺を防ぐ手段として建国神話を持ち出しているのですが、その使い方は、天皇の権威で抑えていくというのではなく、建国神話を議会政治に読み替えて、議会政治の活用が国柄に合ったものであるという論法になっています。一九二六年二月といえば、前年に普通選挙法が成立、内閣は憲政会を与党とする第一次若槻礼次郎内閣が成立したところ、まさに政党内閣の時代です。

これに対し、『東京朝日新聞』の社説は、「この国民的大運動の為に、至誠事に当りつゝある永田君等に満腔《まんこう》の敬意を表する」とした上で、紀元節を含む「大祭日」、つまり天皇にまつわる神道の祭祀を行うための休日は、「各家庭においては、単なる休日としてのみ考へられることが多く、近頃は軒頭に国旗を掲げることを怠るの風さへあるのは、まことに心外」、つまり休日となっている意味が忘れられているとして、「建国祭の精神を、単に街頭における花々しき行列に止めず、これを家庭に徹底せしむること」を希望しました。[19] 政治の民主化、当時の言い方では「民本主義化」に肯定的な『東京朝日新聞』がこのように歓迎するほど、この建国祭は、当時においては、民主的な愛国的行事とみなされていたのです。

その結果、頭山満のような右翼だけでなく、『東京朝日新聞』、さらには、共産主義の基本文献であるカール・マルクスの『資本論』を日本で初めて翻訳した高畠素之《たかばたけもとゆき》のような人物まで、幅広い勢力が賛同する行事となったのです。[20]

建国祭の盛況

こうして一九二六年二月十一日に行われた第一回建国祭は、東京の芝公園、靖国神社、上野公園に各約一万人が動員され、二重橋前まで行進したほか、夕方から日本青年館で「建国の夕」が

夕刊 東京日日新聞

TOKYO NICHI-NICHI SHIMBUN.

けふ紀元の佳節に
建國祭の第一聲
市内の三ヶ所に六萬青年の陣
―婦人團も彩りを添へて

聲高らかに
「誇れよ國民」

三万より宮城前へ
行列に墨染姿

政同の合同愈々成る
滿場一致で覺書承認

明治神宮に
祈願文

大懇親會

役員は現状通

スワ暴漢

大行列

社會問題講座

第１回建国祭を報じる新聞（『東京日日新聞』1926年２月12日夕刊）。左の写真で万歳をしているのが永田

開催され、これはラジオで中継放送されました。その他、北海道、愛知、宮城、長野、岡山、福岡、横浜でも集会が実施され、全国で計一八万人あまりの参加者を数えました[21]。参加者の大部分は青年団のほか婦人団体、僧侶たち、学校生徒など、組織的に動員された人々が中心でした[22]。

以後、永田らは『東京朝日新聞』の希望に応じるかのような方法で建国祭の普及に努めていきます。一九三一年の建国祭は、「今年は特に建国精神の家庭進出を計つて「梅の節句」を提唱することになり」東京府の各小学校と打ち合せていると報じられています。「梅の節句」とは、「各家庭に建国に因んだ飾り物をし、季節の梅の花や常磐の松を生け、甘酒赤飯、お餅などを供へて紀元節を中心に家庭まつり、梅の節句を祝ふ」というものでした。

建国祭当日は、諸学校や主要会場での式典の他、

昼間に後藤文夫（この人も元警察官僚）のラジオ講演、代々木練兵場（現在の代々木公園の場所）では「建国凧揚会」、日比谷公会堂では童謡、舞踊、浪曲、映画などの番組による「建国の夕」が行われました[23]。東京の「女学校、小学校、幼稚園では十一日午前紀元節の式の後講堂の楼上に飾られた建国びなの前に集まって童話や児童劇にすつかり大喜び[24]」、凧揚げ大会にも子どもたちが大勢集まりました[25]。

建国祭の大示威行列（『東京日日新聞』1934年2月12日夕刊）。
回を重ねるごとに盛り上がっていった様子がわかる

こうした試みが成功したことは、翌一九三二年の建国祭本部の実施要項に、「昨年の建国祭に建国祭本部では紀元節の家庭化――即ち紀元節を学校やお役所のお儀式だけに止めず、家庭で子供を中心として、楽しいお祝ひ日にしたいと「梅の節句」を提唱したのでありました。此は意想外に世人の共鳴を得」とあることや、やはり一九三二年の建国祭の直前に左翼系の教育関係者が作成したと思われる（つまりは建国祭に批判的な立場から書かれた）冊子に、「式場競走」（かけっこかリレーのことでしょう）を、「例のブルジョアスポーツに依る、主として青年層獲得及大衆的宣伝カムパ〔大衆運動〕の最も巧妙な計画」とし、「建国祭児童作品展覧会」を、「最も露骨な、欺瞞的な悪《にく》むべき反動振だ。純真な児童を而も学校といふ一大組織に依る、動員なのだ。小供にひかれる父兄の動員をも奴等は心得てゐるのだ!!」[26]とあるように、批判的な立場の人たちが危機感を抱くほど好評だったことからわかります。

こうした努力によって、翌年（一九三二年）の建国祭には全国で三〇五万人弱の人々が式典や行事に参加するようになり、一九三五年には、「東京に於ては荘厳なる式典を行ひ、行進、建国の夕、式場早回り競争建国祭児童作品展覧会、建国祭児童学芸会、建国祭児童剣道大会、講演、水上船艇分列、空中飛行機分列、建国祭児童凧揚会、梅の節句、建国祭料理講習会等の催物を実施する外、建国祭マーク、建国祭ポスターの頒布、建国祭映画の映出等多方面に亘りて幾多の施設を講じ、地方に於ても各種の催」しが行われ、全国八九三五ヵ所に七三〇万人弱、在外邦人の北米、南米の二五ヵ所で九六〇一人が参加するまでに拡大しました。当時の日本内地の人口はおよそ六〇〇〇万人ですから、一〇人に一人以上が参加した計算になります。文部官僚の下村寿一[27]は、「かくの如く多数の人々を通して全国民が其の建国の大精神を反省し国体観念を明徴ならしむる効果は、蓋《けだ》し著大」と絶賛しています。[28]

批判もあったが

ただし、建国祭に対して、保守的な立場からの批判もあったことは事実です。創始の時点で、伝統尊重主義者たちの雑誌に「紀元節をして尊厳ならしめよ。荘重敬虔なる建国の紀念佳節たらしめよ」という意見が載っています[29]。当時の大日本帝国憲法は天皇の絶対性という権威が根拠になっているのですから、こちらの方がまっとうな認識とも言えます。そして次は一九三七年の建国祭についての茨城県のある村長の言葉です。

一部人士が勝手に行ふ建国祭、国体に合致せざる建国祭を官庁が奨励するとは何事である。而《しか》も、去る本年二月十一日のお祭り騒ぎ的建国祭の狂態は何んであるか〔中略〕茨城県庁の人々の行動は、全く正気の沙汰ではない。青年団にも、在郷軍人にも、小学生にまでも、盛んにモーションをかけて、動員これ努め、殆ど、半ば勧誘的に、半ば強制的に「建国祭の御祭り騒ぎ的行列に出動せよ」と厳令を発せんばかり〔中略〕未だ建国祭の挙行のない時の紀元節は、国民は、誰も彼も、如何にも紀元節に相応《ふさわ》しい祝賀の至情を表したものである。それが、建国祭のあつて以来、かうした国民的雰囲気は滅茶苦茶になつて了つた[30]。

つまり、官庁も協力しての動員にうんざりしていた人たちもいたことは確かなのです[31]。あるいは各種の行事があった都市部と、行進にとどまった農村部との違いなのかもしれません。なお、村長の言葉の中に「国体に合致せざる」という字句があることには注意しておきましょう。

いずれにしろ、永田秀次郎が中心となって始まった建国祭は、社会不安や反体制運動の拡大を抑止し、消滅させることが目的でしたが、建国神話を無理に事実などとして権威を押し付けるような手法をとらず、しかも建国神話に込められた精神は議会制民主主義とも矛盾しないと説き、しかも広く国民に建国神話に親近感をもってもらうため、少なくとも東京では多彩な楽しい行事を取り揃えました。いわばソフトな手法で建国神話を秩序維持に利用しようとした試みだったのです。実際、かなり多くの人々がこれに参加し、楽しんでいた人々も少なくありませんでした。

そして、建国神話は思わぬ方向にも利用されていくことになります。

排除の論理に利用される

こうした一方で、満洲事変を機に、建国神話を、広く人々が民主的に仲良くする方向ではなく、異論を唱える人を排除する方向に利用する人々も出てきました。これについて考えるには、前提となる満洲事変から話を始めなくてはなりません。

中国政府（蔣介石政権）は、日露戦争（一九〇四〜〇五年）で日本が手に入れた満洲（中国東北部）の権益について、第一次世界大戦をきっかけに普及した民族自決という思潮にもとづき、中国への回収を主張していました。これに危機感を抱いた日本の満洲駐屯軍（関東軍）の参謀石原莞爾が、その上司、板垣征四郎と組んで日中間の軍事衝突を自作自演しました。これが一九三一年九月十八日に勃発した満洲事変です[32]。こうしたこの事件の真相を、一部のマスコミはつかんでいましたが、陸軍の圧力で握りつぶされてしまいました[33]。一九三二年一月にはこれに関連して日中両軍が上海で衝突する第一次上海事変も起こります。そして同年三月、形式上は現地住民の自発的意志を関東軍が支援するという形で、実際には、現地側の政治家を関東軍が操る傀儡《かいらい》国家として満洲国が誕生しました(34)。

事変勃発直後の国際連盟への中国の提訴により、国際社会では満洲事変は事実上日本の侵略だという批判が高まります。その理由は、今回の日本の行動は、中国の自主性を尊重するという趣旨の九ヵ国条約(一九二二年締結)や、戦争を国際紛争の解決手段にしないという国際連盟規約や不戦条約(一九二八年締結)など、日本も加盟している条約類に違反している疑いがあったためです。国際連盟が派遣したリットン調査団は、事変に至る経緯と満洲国建国に至る事変の経過を調査した上で、満洲国の建国は認めないが中国に日本の満洲権益を認めさせるという比較的穏当な勧告を出しました。一九三三年二月の国際連盟総会がこれを採択すると、すでに満洲国を承認していた日本は、三月に国際連盟に脱退を通告しました(35)。

これによって日本が諸外国と国交を断絶したわけではなく、対立の深まりを避けるために脱退したという学説もあるくらいです(36)。しかし、満洲事変勃発以後、蠟山政道、近衛文麿など、日本を盟主にアジアに新たな国際秩序を作る動き(アジアモンロー主義)を唱える知識人や政治家が現れたことや(37)、満洲国を承認した国がほとんどなかったことからわかるように、日本は少しずつ国際的な孤立に向かっていきます。

一九三二年五月には、政党政治は政権争いに明け暮れて内外の諸問題に対応できないと見た一部の過激な青年将校が、政友会内閣の犬養毅首相を白昼首相官邸で殺害、足かけ九年続いた政党内閣が途切れてしまいます。五・一五事件です。

さらに、一九三五年二月に起きた天皇機関説事件をきっかけに、在郷軍人会や右翼、政党の一部が国体明徴運動を起こしました。この問題は本書のテーマと関係が深いので少し詳しくふれておきます。天皇機関説事件とは、貴族院議員の菊池武夫が帝国会議の貴族院本会議で、憲法学者で当時貴族院議員だった美濃部達吉の天皇機関説は天皇を冒瀆《ぼうとく》する憲法学説だとしてその禁止を政府に求めた事件です。

天皇機関説は、天皇は国家という法人（法律上人格を認められた組織）の意思を代表する国家機関の一部だという学説です。法治主義をとる近代国家にあっては、あたりまえといえばあたりまえの考え方で、学者の多くがこの説を採用し、エリート官僚を採用するための文官高等試験でもこの学説が採用されていました。しかし、この説は、天皇は国家機関の一部だというのですから、解釈の仕方によっては、大日本帝国憲法の大前提である天皇の絶対性を否定しているようにも見えます。そこで、実際にはこの説を採用しながら曖昧な言い方をとる学者もいました(38)。

菊池武夫らの一派は、満洲事変後の「脱西欧」ともいうべき傾向が強まってきたことを背景に、日本のエリート官僚を養成する東京帝国大学法学部の学問が西欧の思想に偏りすぎているとして糾弾することとし、まず美濃部の学説をやり玉にあげたのです。これに天皇を大元帥として崇拝することを組織を維持する前提条件とみなす軍部や在郷軍人会、時の岡田啓介内閣の倒閣をもくろむ政友会の一部が天皇機関説の禁止を求めて政治運動を展開しました。国のあり方をはっきりさせるという意味で国体明徴運動と呼ばれました。こうした動きに対応し、一九三五年八月三日、政府は次のような声明（国体明徴声明）を発しました(39)。

すなわち、「我が国体は天孫降臨の際下し賜へる御神勅に依り昭示せらるる所にして、万世一系の天皇国を統治し給ひ、宝祚の隆は天地と共に窮なし」、だから、大日本帝国憲法第一条に「大日本帝国ハ万世一系ノ天皇之ヲ統治ス」とあるので、「大日本帝国統治の大権は厳として天皇に存すること明」で、「統治権が天皇に存せずして天皇は之を行使する為の機関なり」というのは「万邦無比なる我が国体の本義を誤るもの」だとしました。日本の国のあり方は「天壌無窮の神勅」に明らかで、憲法ではそれを根拠に天皇主権を明記してある。だから、天皇を国家の一機関とみなすのは間違いだとして天皇機関説を否定しました。九月に入り、美濃部は不起訴と引き換えに貴族院議員の辞職に追い込まれ、著書は内務省によって発禁（発行禁止）処分を受けました。

しかし、これではまだ不徹底だとする右翼などの強い要求の結果、十月十五日に、政府は、次のような、二度目の声明（第二次国体明徴声明）を出しました(40)（引用中のところどころにある空白は、天皇や皇室に対する敬意を表す欠字）。

濫《みだ》りに外国の事例学説を援いて我国体に関し統治権の主体は　天皇にましまさずして国家な

りとし　天皇は国家の機関なりとなすが如き所謂　天皇機関説は神聖なる我国体に戻り其本義を誤るの甚しきものにして厳に之を芟除《さんじょ》せざるべからず、政教其他百般の事項総て万邦無比なる我国体の本義を基とし其真髄を顕揚するを要す。

政府は、天皇機関説の積極的な排除と、天皇の絶対性を改めて人々に認識させることを約束したのです。この声明をふまえて政府がとった政策の話は第四講でご紹介します。

いずれにしろ、これを機に、建国神話の合理的な解釈を否定する動きが復活してきたことになります。

二　経済にどう活用されたか？

ここでは、建国神話と経済が一体どう結びつくのか見ていきましょう。なお、この部分は、話の都合上、旧著『皇紀・万博・オリンピック』(41)と一部重なる所があることをお許しください。

オリンピックの誘致

一九三〇（昭和五）年初夏、二度目の東京市長となっていた永田秀次郎が、建国神話と関係深い年に、日本初（アジア初）のオリンピック誘致を思いついたのが建国神話と経済の関係の発端です。西暦一九四〇年は神武天皇紀元でいえば二六〇〇年（紀元二千六百年）という切りの良い年で、当時はこれほど長く王朝が途切れることなく続いている国はないというのが日本での常識だったことは、本書をここまでお読みくださった方にはおわかりの通りです。ですから、記念行事があってもよいという考え方が生まれても不思議ではありません。そしてそれを思いついたのが、もう皆さんにはおなじみの永田だったのです。建国祭の中心人物なのですから、当然といえば当然です。

一九二三（大正十二）年九月の関東大震災からの東京の復興に一区切り付き、紀元二千六百年記念に何かできないかと考えていた永田は、部下の助言で、ちょうど一〇年後の一九四〇年が四年おきに開かれるオリンピック開催の年であることに気づき、一九三〇年六月、折から東京でのオリンピック開催を模索し始めていたスポーツ関係者に国際オリンピック委員会への打診を依頼しました。十二月四日、一九四〇年大会東京誘致の可能性があることを知った永田は、東京誘致の意向を表明します[42]。建国祭の方でも同じ日に紀元二千六百年に向けての協議を始めました[43]。

これを受ける形で、一九三一年十月二十八日、東京市議会は一九四〇年オリンピック大会の招致を東京市に求める決議を全会一致で可決します。その字句は、「復興成れる我が東京に於て第十二回国際オリンピック競技大会を開催することは我国のスポーツが世界的水準に到達しつつあるに際し時恰《あたか》も開国二千六百年に当り之を記念すると共に、国民体育上裨益する処少なからざるべく延《ひい》ては帝都の繁栄を招来するものと確信す」となっていました[44]。「復興」とはもちろん関東大震災からの復興です。「我国のスポーツが世界的水準に到達しつつある」といっても、まだ一九二八年のアムステルダム大会で金メダル二個、銀メダル二個、銅メダル二個を取っただけなのでいささか気が早すぎますが、一九三二年のロサンゼルス大会で水泳陣が金メダルを五つ取ったことで気運が高まり、一九三五年二月の帝国議会貴族院本会議で一九四〇年大会の東京招致に政府が援助するよう求める建議案が可決されるまでになります。[45]

問題は、最後の「延ては帝都の繁栄を招来するもの」です。オリンピックに経済効果を期待していることは明らかです。建国神話と経済のつながりはここから生じたのです。

万博開催構想

その後このつながりは次第に太くなっていきます。東京や横浜の財界では、一九三〇年の春ごろから、世界恐慌による不景気克服の手段として、一九三五年に万国博覧会を開催する構想が持ち上がりました。万国博覧会は一八五一年にロンドンで初めて開催され、以後欧米の主要都市で開催されていきます。パリの名所エッフェル塔が一八八九年のパリ万博の遺産であることはご存じの方もおられるでしょう。日本でも一八八五（明治十八）年に初めて開催構想が提唱され、日露戦争の勝利直後の一九〇六年に日本大博覧会という名で準備が始まりましたが、当時の経済力ではとても無理で、結局実現しませんでした。[46]

この一九三〇年の時も、四年後ではまだ無理じゃないかという話になり、永田東京市長が一九四〇年オリンピック招致を表明した直後から一九四〇年開催説が現れ、一九三一年二月にはほぼその方向に話がまとまりました。その後満洲事変での勃発で沙汰やみになっていましたが[47]、一九三二年に入り、この計画実現に向けて動き出したのが阪谷芳郎《さかたによしろう》という人物です。

阪谷はエリート大蔵官僚出身で、日露戦争後の日本大博覧会構想の時は大蔵大臣として財政事情を理由に消極的な態度をとっていました。しかし、この時は積極的です。その理由として、日本経済が明治期よりは発展しているからとも考えられないわけではありませんが、まだ世界恐慌克服には程遠い状態です。むしろ景気浮揚策としての万博という可能性があります。それに当時の日本では、産業振興に必要な外貨獲得の手段として外国人観光客の誘致が注目され、一九三一年四月に国立公園法が公布され、各地に国立公園が設けられ、外国人客用の洋風ホテルも各地に建設されていきます。しかし、そうなると政府の資金援助は不可欠で、大蔵官僚の習性として支出超過を嫌いますから、阪谷に限って言えば考えにくい。阪谷は蔵相を務めた後は貴族院議員を務めながら財界で活躍していましたが、彼が関係する企業の一つに東京湾埋立会社があり、同社は不景気のため売れない東京湾岸の大量の埋め立て地の処分に困っていました。阪谷が万博開催に積極的になったのは、実はこの問題だと考えられます。というのも、阪谷が作成、印刷して各所に配布した万博構想案は、東京湾の埋め立て地を主会場とするものだったからです[48]。

一九三三年三月、阪谷は貴族院本会議で時の斎藤實首相に対し、紀元二千六百年記念事業について質問しました。阪谷は、「神代のことは暫く之を措きまして、人皇の世となりて第一代神武天皇」から「皇統連綿、実に二千五百九十三年〔中略〕今や其光輝ある歴史が二千六百年の齢を重ねむとするに至っては〔中略〕神武天皇の宏大なる御偉業を感謝せざるを得ざる次第」とし、「御記念事業」については「幾千年の後まで伝ふべき堅固なる記念建造物、又一つは世界全般に亙り注意を喚起し、我国に多数の観光者を引寄すべき性質のもの」の二つを希望し、政府に調査準備の上での実行を求め、斎藤首相も調査を始めると約束しました。[49]「神代のことは暫く之を措き」と、神代についてはどこまで史実なのかは留保しているところが目をひきます。また、万博を外国人観光客誘致の一環として捉え、記念事業の中心事業の一つとして重視していることもよくわかります。

橿原神宮も

ここで参入してきたのが橿原神宮の地元、奈良県です。一八九〇（明治二十三）年に創建された橿原神宮は、近隣に鉄道が通るようになったために参拝客が増えたことで一九二〇年代中ごろに最初の拡張工事を行い、さらに、橿原神宮を経由して桜で有名な吉野に向かう鉄道（現在の近鉄南大阪線）ができたことでさらに参拝客が増え、一九三〇年夏に、紀元二千六百年を目指したさらなる拡張構想が現れましたが、なかなか実現のめどが立ちませんでした。[50] そこに現れたのが一九四〇年万博の話でした。

一九三四年一月、奈良の地元紙『奈良新聞』に次のような記事が載りました。[51] 文章の調子が世相を表していておもしろいので、長くなりますが全文をご覧ください。

建国の祖神神武大帝が大和橿原の宮に即位し給ひしより玆《ここ》に二千五百九十四年、連綿たる皇統の輝きは今や三大強国として全世界に君臨し皇国の隆盛益々熾《さかん》なるものがあるが、昭和十五年には神武大帝が祖国日本の礎き給ひてより丁度二千六百年になるので、来るべき非常時を征服し、更に東洋の実権を掌握以て全世界に活躍せんと早くも有志間に建国二千六百年祭を挙行すべく計画を進められ、政府に於ても東京市に万国博覧会を開催し日本の文明発達を汎《あまね》く全世界に輝かさんとしてゐるが、この意義ある大祭にあたつて建国の霊地に於てもその二千六百年祭を最も盛大に行ふべく橿原神宮の所在地畝傍町で準備を進められ、この程橿原神宮奉賛会なるものを組織し、全国より浄財を募集して神域の拡張を行い、更に国庫を以てなら、橿原間を結ぶ参宮自動車道路の達成をはかることになつて、愈々《いよいよ》今六十五議会に貴衆両議院へ陳情書を提出すべく目下調印を取纏め中とあるが建国の地大和としては有意義なる事業であり、且奈良市としても遊覧都市として立つ上にこの上ない計画なので賛成者が多いと。

阪谷の万博構想に刺激をうけていることは明らかですが、現状認識がオーバーというか、勇まし過ぎます。満洲事変を成功ととらえていた日本社会の雰囲気がうかがわれます。

このなかで注意すべきは「奈良市としても遊覧都市として立つ上にこの上ない」という字句で

す。これは単なる修辞ではありません。一九三二年十月、国立公園法にもとづき、奈良県と和歌山県、三重県にまたがる地域が吉野熊野国立公園の候補地となりました（正式に指定されるのは一九三六年二月）。そのため、奈良県では県の主要産業として観光を重視する動きが高まり、一九三三年四月に県庁に観光課が設けられました[52]。この場合、観光資源のなかに建国神話が含まれていることは言うまでもありません。奈良県にとって、建国神話は大切な産業資源となったのです。

阪谷芳郎の記念事業構想

さて、斎藤首相は阪谷への約束を果たさないまま一九三四（昭和九）年七月に退陣してしまいましたが、阪谷はついに、橿原神宮の拡張、万博、オリンピックを建国神話にもとづく一体のイベントとして位置づけることになります。一九三五年二月二十五日、貴族院本会議における、阪谷の岡田啓介首相への質問がそれです[53]。この時期はさきほど触れた天皇機関説事件が起きてまもないころですが、その事件の影響は史料を見る限りありません。

阪谷は、橿原神宮修繕の建議も出ているが、自分としては紀元二千六百年の祝賀を日本だけでなく世界的に意味を拡張したく、そのためには万博開催が最も適当だが、政府の財政が困難なら、「一ツノ法律ヲ御設ケニナリサヘスレバ、東京市ナリ民間ノ会社ナリデ五六千万円ノ計画ナラバ十分出来ル」と話を始めます。法律の具体的な中身は触れずに、万博開催の意義に話を移します。鉄道省観光局に相談したところ、外国人観光客は現在年三万五〇〇〇人ぐらいだが、日本に祝典があれば二倍や三倍にでき、仮に一〇万人来るとして、一人当たり五〇〇円日本で消費すれば「五千万円ノ金ハ日本ニ落チ」るので、為替のバランスも問題なく、「日本ノ文化モ見ルシ、経済ノ状況モ見ルシ、又色々商売品モ買ッテ行クデアラウシ、非常ニ結構」だと言います。当時の五〇〇〇万円は現在の一兆五〇〇〇億円に相当します。

　そして阪谷は、万博は、入場券の販売方法に「政府ガ特典ヲ与ヘルナラバ訳ナク是ハ出来ル」し、オリンピックの費用もそこから出せるとし、最後に「現在ノ如キ窮乏シタル国庫ニ向ッテ負担ヲ増スコトナシニ、心ノ底カラ挙《こぞ》ッテ盛大ナル祝典ヲ挙ゲルコトガ出来」、「万国ニモ其威光ヲ輝カスト云フコトモ出来ル」と結びます。「窮乏シタル国庫」とは、時の政府が不況克服のために財政支出を増やしていたことを指しています。岡田首相は検討開始を確約しました。

　十月一日、内閣に紀元二千六百年祝典準備委員会が設けられ、阪谷を含む、関係自治体の長や歴史学者や財界人、スポーツ関係者計三六名が委員に任命されました。十月十四日に開かれた第一回の総会で、阪谷は温めていた持論を展開します。[54]

　まず、『日本書紀』にある「八紘一宇の詔」を朗読した上で、「我々ガ此ノ二千六百年ヲ祝ヒマスルノモ此ノ詔ニ副《そ》フヤウニ」、「挙国一致、心ノ残ル所ナク御祝申上ゲタイ」からだとし、そのためには費用の問題が重要だが、国家財政は苦しく、寄付では苦情が出る可能性があるとして、万博の開催を提案します。その理由として、まず「八紘を掩ひで宇と為すことも出来る」と、「八紘一宇の詔」を持ち出し、具体的には「世界万国の人々を日本に招き寄せることも出来」、

「国家経済」にも損失はないとします。

第一講でみたように、「八紘一宇」の元々の意味は天皇のもとでの日本の統一ですが、本居宣長あたりから世界を統治すべき天皇という考え方が現れ、大正期に日蓮宗の僧侶田中智学《ちがく》から、天皇が世界を統治するという意味への拡大解釈が始まっていました(55)。そうしたなかで、阪谷の解釈は、人々が集まり、日本と海外の文化交流が行われるという意味ですから、第一次大戦後の国際協調の潮流に近い、平和主義的な解釈と言えます。ましてや満洲事変後、一九三三年三月の国際連盟からの脱退通告後であることを考えれば、その意味は深いものといえます。

そして、入場者一〇〇〇万人、開催期間二〇〇日、入場料一円と想定し、五円で期間中毎日使える入場券を一〇〇〇万枚前売りすることを政府が許し、これに「勧業債券ト同ジヤウニ花籤ヲ付ケル」つまり、当時勧業債券のみに認められていた宝くじをつければ事前に五〇〇〇万円を集めることができるから、それで万博だけでなく橿原神宮その他の記念事業もまかなえると主張しましたが、これはのちにちょっとした問題になります。

そして阪谷は、最後に、「二千六百年ノ祝典ヲ機会ニ第一等国ノ地位ニ〔中略〕立チタイ」と主張しました。永田が大正期にすでに日本は三大強国の一つだと言っていたように、当時の日本では一般に、日本はすでに列強の仲間入りをしたと考えられていましたが、阪谷は、国際社会での地位はまだ高いとは言えないと主張したのです。オリンピックや万国博覧会がまだ行われていないことだけでなく、第一次大戦後のベルサイユ講和会議での存在感が決して大きくなかったことや、アメリカで日本人移民が制限されていたことを考えれば、阪谷の認識は当時においても的外れとはいえないものです。実際、この場で反論した人はいませんでした。

万博構想の紆余曲折

準備委員会は一九三六年二月二十三日（二・二六事件の三日前！）に準備方針を決めて首相に報告しました。記念行事として神社や政府などで式典を行う他、記念事業として橿原神宮拡張、万博開催などを挙げ、これらを実施するための組織案は、万博開催の資金調達のため宝くじ付入場券の前売りも認める方向が示されました。これらの案ではオリンピックがふれられていませんが、これは国際オリンピック委員会が他の行事の一環としての開催を嫌っていることがわかったためで、一九四〇年大会の誘致活動自体は続けられ、一九三六年七月に東京招致が正式に決定します[56]。

こうして万博開催が事実上内定したのを受けて、日本万国博覧会協会は三月に月刊誌『万博』を発刊します。創刊号では、同協会の会長牛塚虎太郎（東京市長）が、紀元二千六百年にあたって、「我国には未だ曽て無い万国大博覧会を開催し、遠く建国の昔を回顧して皇祖の御偉業を讃仰し、国民精神を作興すると共に、洽《あまね》く海外を招請して現代産業文化の精華を展列し、愈々進んで産業経済の発展充実を促進せんとすることは実に絶好の記念事業」と意義を強調した上で、総経費二〇〇〇万円、主会場は東京市で会場の一部は横浜市とし、入場者数は少なくとも一二〇〇万人という見通しを明らかにし、「開催の暁は地元京浜間に於て消費せられる額は相当の巨額に上り、地元の直接に受ける利益は決して尠少ではない」と経済的利益を強調しました[57]。

ただし、創刊号に寄せた寺内寿一陸相の言葉は、「挙国的記念事業を興し国民をして遍く之が慶祝に参与せしむると共に、愈々国体を明徴にし、建国精神を更張振起せしめ、以て皇国将来の飛躍に資すべき」というもので[58]、国家主義、精神主義の色彩の濃い、阪谷や牛塚の説明とは距離を感じさせる内容になっています。

こうしたなか、阪谷が主張した宝くじ付万博入場券前売構想への批判が現れました。永田と同じエリート内務官僚出身で警察畑が長かった貴族院議員松本学《まつもとがく》によるものです。松本は一九三六年四月に刊行したパンフレットのなかで、「皇紀二千六百年記念事業なるものは」「祖先を祀るといふ敬虔なる心事のもとに」行われなければならない、「之を一家に譬《たと》ふれば祖先の祭をするとき、如何に家計困難であつてもやりくりをして一家の経費から支出し自ら行わねばならぬ。近所隣から寄付を集めるとか、或は賭事をして儲けた金でお祭をするとかいふ〔中略〕ことがあるべき筈のものではない」と、阪谷の構想を批判しました[59]。建国神話は厳粛なものであり、宝くじのようなギャンブル的な手段はなじまないと主張したのです。

さて、準備委員会の意見を受けて政府は一九三六年七月に、祝典に関する諮問機関として紀元二千六百年祝典評議委員会を、事務組織として紀元二千六百年祝典事務局を設けました。評議委員会は十一月に万博や橿原神宮拡張を含む六大記念事業と、各事業への国からの補助金や国民からの寄付金の受け皿として財団法人紀元二千六百年奉祝会の設立、国庫補助及び寄付金予算合計一〇〇〇万円という参考予算案を決定しました。

ちょうどこのころ、一九四〇年の東京オリンピック開催が決定し、新聞には、神宮外苑競技場の改修計画、外国人観光客用の湘南地域へのホテル建設計画、日欧連絡の航空路計画、鉄道省の東京地区の電車の鋼体化構想（当時は主に木造）、東京市の道路整備計画、大阪と奈良を結ぶ関西本線の電化計画、奈良市勧業課の外国人向け土産品開発構想、吉野熊野国立公園の観光道路計画といった報道が相次ぎました。まさに紀元二千六百年を契機とした一大イベントが、都市や国土の開発機運を盛り上げていました。[60]

万博についても、経済発展の契機ととらえる発言が再度現れました。雑誌『万博』に掲載された東武鉄道社長根津嘉一郎のものです。[61]

ジャパン・ツーリスト・ビューロー（現在のＪＴＢ）の調査によると、一九三五年の来遊外国人は約四万人で、「内地に落した観光費は一億円を下るまい」、万博当局の予想では万博を開催すればこれが倍増するので、「落す金も何億」にもなる。万博によって貿易外収入を激増させられれば「国益増進の大きな一助になる」。だから万博実現のためには「富籤（宝くじ）でも差支へない」。「往時の富籤は射幸心を唆《あお》つて私利私欲を満足させるのが目的であつた」が、これは、「将来の国家的繁栄を齎すための手段なので」意味が異なる。「射幸心、投機心の存在は」「神が人類に授けた手段」なのだ。つまりは、「資本は一億、手段は割増金付前売券か富籤、而して内容整備せる万国博覧会を開催すれば、モトデ入らずに外客を誘致し、風光日本を紹介し、その産物である美術工芸の精華を網羅し、他面産業日本の現状を展示し、精神と科学と両界に亘つて如何に日本人が代表的人類であるかを列国環視の前に展覧することが出来、真の国交親善に役立つばかりでなく」、「神武天皇建国の大御心に答へ奉る最良の道」なのだ。やはり、国家の繁栄は神武天皇の希望であり、その実現のためには射幸心を利用してもよいという論理になっています。

しかし、警察を管轄する内務省が抵抗します。一九三六年七月の紀元二千六百年祝典評議委員会の特別委員会の席で[62]、湯澤三千男内務次官は、「国民の射幸心を助長し健全なる国民精神を阻害」し、「多くの人は割増金〔当籤金〕を得ることが目的でありまして、一度割増金が決定すれば入場券としては余り重きを置かなくなり自然粗末にし時には紛失する」という理由で、当籤金を小さくし、発売を一年前からとするよう求めました。しかし、牛塚東京市長は、万博推進の立場から阪谷説に賛成しただけでなく、「博覧会は御祭騒ぎであると批評する人がありますが緊張したことばかりではいかぬ、時によつては御祭騒ぎも必要」と反論しました。牛塚は松本や湯澤と同じエリート内務官僚出身ですが、警察部門に勤務の経験がない上、博覧会開催都市の責任者ということもあるのでしょう。しかしなお内務省が抵抗したため、万博の宝くじ付入場券の前売りを認める法律が公布されたのは日中戦争勃発直後の一九三七年八月中旬のことでした[63]。

建国神話と経済の関係は、「八紘一宇の詔」を人々や物の交流を促進するという意味に解釈することで成り立ちました。これはまさに第一次世界大戦後の国際協調の思潮の延長線上にある考え方と言えます。それによって、オリンピックや万国博など、特に外国人観光客を増やしうる国際的な行事が構想され、準備が始まったのです。

建国神話というと、どうしても偏狭な国家主義の論拠という印象がぬぐえません。実際、さきほど触れた田中智学のように宗教的な国家主義の立場を正当化するために国家主義を用いた事例もありますし、国学者今泉定助もその一例です。今泉は、記紀の記述を根拠に、神の末裔にして万世一系の天皇が治めてきた日本は世界一優れた国なので、天皇に国民すべてが無条件に従えば国家は安定し発展するだけでなく、世界中の人々が天皇に従えば世界が平和になると主張しました[64]。これらの発想の原点は、永田と同じく、反体制運動や社会不安の防止や克服にあったことは間違いありません。

しかし、本講で見てきたように、第一次世界大戦から日中戦争までの間、社会における建国神話は、政治の民主化や国際交流を拡大するような意味も持ったのです。同じような問題意識からこのような差がなぜ出てくるのか。建国神話にもとづく国家主義が生まれる過程を考えれば、究極的には一般庶民を信用できるかどうかというところが分かれ目だったと言わざるを得ません。永田や阪谷が、建国神話を事実として扱う態度を示さないという共通点があることもそれを裏づけています。

しかし、一九三一年九月の満洲事変に始まる内外情勢の変化、さらには一九三七年七月の日中戦争勃発を契機とする戦時体制の始まりと拡大によって、こうした状況は変化せざるをえなくなっていくのです。

注

（1）『東京朝日新聞』（以下『東朝』）一九二五年十一月二十四日付朝刊七面。

（2）以下、建国祭開始の経緯については、尾川昌法「建国祭の成立――日本主義と民衆・ノート」（『立命館文学』五〇九号、一九八八年）が初めて明らかにした。ここでは同論文とその後の研究も参照しつつ、建国祭と建国神話との関係について検討した。

（3）ケネス・ルオフ（高橋紘監修、木村剛久・福島睦男訳）『国民の天皇――戦後日本の民主主義と天皇制』（共同通信社、二〇〇三年、のち岩波現代文庫、二〇〇九年）第五章。

（4）内務省については、百瀬孝『内務省――名門官庁はなぜ解体されたか』（PHP新書、二〇〇一年）を参照。

（5）河西秀哉『近代天皇制から象徴天皇制へ』（吉田書店、二〇一八年）第二章。

（6）「国民的「建国祭」来春から挙行す　全国の鎮守の森や公会堂等で簡素に」（『東朝』一九二五年十二月八日朝刊七面）

（7）大日本青年団編刊『大日本青年団史』（一九四二年）一六三頁。

（8）有馬良橘「序」（同右）三頁。

（9）永田秀次郎『建国の精神に還れ』（実業之日本社、一九二六年）。その奥付には二月一日発行と記されており、『東朝』同年二月八日付五面に出版広告が載っているので、建国祭開催前に出版されたことは間違いない。

(10) 前掲『建国の精神に還れ』「序」一～二頁。
(11) 同右「序」四頁。
(12) 同右「序」四、七頁。
(13) 以上、同右「序」四～七頁。
(14) 以上、同右本文二～一二頁。
(15) 以上、同右本文一五～一八頁。
(16) 以上、同右本文二四、二九頁。
(17) 伊藤博文（宮沢俊義校注）『憲法義解』（岩波文庫、二〇一九年）一九三頁。
(18) 由井正臣・藤原彰・吉田裕校注『日本近代思想大系4　軍隊　兵士』（岩波書店、一九八九年）
(19) 「建国祭について」（社説）（『東朝』一九二六年二月九日付朝刊三面）。
(20) 高畠の賛同については、永田秀次郎「建国祭に就て」（『日本及日本人』九二、一九二六年二月十一日付）六五～六六頁。
(21) 前掲尾川論文、三九〇～三九二頁。
(22) 「けふ紀元の佳節に　建国祭の第一声　市内の三ヶ所に六万青年の声　婦人団も彩りを添えて」「声高らかに「誇れよ国民」三方より宮城前へ　行列に墨染姿」（『東京日日新聞』一九二六年二月十二日付夕刊〔十一日発行〕一面）。
(23) 「十一日の建国祭　紀元節を「梅の節句」に　甘酒や赤飯などで「家庭まつり」を提唱　宮城前へ十万人の大行進と色々の催物」（『読売新聞』一九三一年二月五日付朝刊七面）。
(24) 以上、「初めての　梅の節句　女学校、小学校、幼稚園で」（『東朝』一九三一年二月十一日付夕刊〔十一日発行〕二面）。
(25) 「雪晴れの好天に　けふ紀元節の帝都　空を仰いで押寄せた子ども　日比谷のたこあげ会」（同右）。

(26) 一九三二年の建国祭実施要項を含め、成人教育研究会編『一九三二年二月　建国祭とはこんなものだ!!』(新興教育研究所出版部、一九三二年二月五日付) 七~一〇頁。
(27) 文部省宗教局長、普通学務局長などを歴任、当時は東京女子師範学校(現在のお茶の水女子大学)校長。
(28) 下村寿一『現代教育学大系　原論篇第二十四巻　社会教化運動』(成美堂書店、一九三六年) 一五二~一五六頁。
(29) 曽古都「今更ら建国祭とは何事ぞ」(『日本及日本人』九一、一九二六年二月一日付) 三六頁。
(30) 茨城県上郷村長　一日一善会相談役　土田右馬太郎『建国祭の矛盾と錯誤』(新科学社、一九三七年〔三月〕) 五、一二、一七頁。
(31) その意味では、赤澤史朗『近代日本の思想動員と宗教統制』(校倉書房、一九八五年) 四一頁の「建国祭は全体として、行政当局に支援された半官半民団体の運動であった」という評価は少なくとも建国祭の一面を明らかにしたものといえる。
(32) 筒井清忠『満州事変はなぜ起きたのか』(中公選書、二〇一五年)。
(33) 有山輝雄『情報覇権と帝国日本』Ⅱ「通信技術の拡大と宣伝戦」(吉川弘文館、二〇一三年) 第四部。
(34) 塚瀬進『満州国――「民族協和」の実像』(吉川弘文館、一九九八年)。
(35) 伊香俊哉『満州事変から日中全面戦争へ』(吉川弘文館、二〇〇七年) 第一章、第三章。
(36) 井上寿一『危機のなかの協調外交――日中戦争に至る対外政策の形成と展開』(山川出版社、一九九四年)。
(37) 拙著『近衛文麿』(吉川弘文館、二〇一五年) 第二「貴族政治家として」。
(38) たとえば学習院の教授で皇太子時代から昭和天皇の家庭教師役だった清水澄はその一人である。拙著『昭和天皇――「理性の君主」の孤独』(中公新書、二〇一一年) 一二二頁。

（39）「国体明徴の声明　政府公式に発表」（『東朝』一九三五年八月四日付夕刊〔三日発行〕一面）。
（40）「天皇は統治権の主体　機関説は国体に戻る　政府、再声明発表」（同右同年十月十六日付朝刊二面）。
（41）拙著『皇紀・万博・オリンピック――皇室ブランドと経済発展』（中公新書、一九九八年）。同書は、「皇室ブランド」という言葉を使って、神武天皇紀元二千六百年という記念すべき年と関連づけ、経済発展の起爆剤として万博やオリンピックが計画された経緯を明らかにした。

ただし、同書に対しては、「古川は、戦時中の日本国が絶大な権力を振るっていたというおなじみの神話をもちだすことなく、この祝典の社会的側面に注意を向けている〔中略〕が、どういうわけか、古川は愛国主義的・拡張主義的な方向性を打ちだす二千六百年記念行事のイデオロギー的側面を過小評価し、こうしたテーマへの言及をほとんどしていないか、あるいはまったく避けている」（ケネス・ルオフ〔木村剛久訳〕『紀元二千六百年――消費と観光のナショナリズム』朝日選書、二〇一〇年、注一頁）とか、「娯楽とナショナリズムの関係については、国民にとって前者が本音で後者が建前であったと強調する研究もある〔注で『皇紀・万博・オリンピック』と明示〕が、そもそも両者を二者択一の関係と考えなければならないという必然性はない〔中略〕相乗関係にあった可能性も検討する必要がある」（平山昇『初詣の社会史――鉄道が生んだ娯楽とナショナリズム』東京大学出版会、二〇一五年、一〇頁）という批判がある。本書では、『皇紀・万博・オリンピック』では考察が不十分だった、建国神話という政治思想と経済振興問題の関係を考えることになる。
（42）前掲『皇紀・万博・オリンピック』六二～六五頁。
（43）「紀元二千六百年に　オリムピックをぜひ日本で　同時に万国博覧会開催の議　永田市長等で主唱」（『東朝』一九三〇年十二月四日付朝刊一一面）。
（44）東京市役所編刊『第十二回オリンピツク東京大会東京市報告書』（一九三九年）三頁。
（45）「東京ニ於テ第十二回国際オリムピック大会開催ノ件ニ関スル建議案」（『第六十七回帝国議会貴族院

議事速記録第十一号」、『官報』一九三五年二月二十六日付号外、前日の貴族院本会議の議事録）一一二頁。なお、帝国議会の議事録は国立国会図書館のサイト「帝国議会会議録検索システム」でデジタル画像を無料で検索、閲覧、印刷できる。
(46) 以下、前掲『皇紀・万博・オリンピック』第二章、特に一五、二七頁。
(47) 同右、七〇〜七三頁。
(48) 同右、三一、七三〜七八頁。
(49)「第六十四回帝国議会貴族院議事速記録第二十七号」（『官報』一九三三年三月二十一日付号外、前日の貴族院本会議の議事録、三三九〜三四〇頁）。
(50) 前掲『皇紀・万博・オリンピック』六七〜六九頁。
(51)「橿原と奈良を結ぶ　参宮自動車道を新設　紀元二千六百年祭までに竣成　貴衆両院へ陳情書」（『奈良新聞』一九三四年一月二十七日付一面）。
(52) 前掲『皇紀・万博・オリンピック』八六頁。
(53)「第六十七回帝国議会貴族院議事速記録第十一号」（『官報』一九三五年二月二十六日付号外、前日の貴族院本会議の議事録、一一三〜一一四頁）。
(54) 紀元二千六百年祝典準備委員会「第一回総会議事速記録」一九三五年十月十四日（国立公文書館蔵、アジア歴史資料センターレファレンスコード A05021153500）。
(55) 初出は恐らく、田中智学『天壌無窮』（天業民報社、一九二一年）三四頁である。
(56) 詳細は、橋本一夫『幻の東京オリンピック』（日本放送出版協会、一九九四年）。
(57) 日本万国博覧会協会長牛塚虎太郎「準備に万全を期す」（『万博』一号、一九三六年五月号、二〜三頁）。雑誌発行の慣例をふまえ、四月刊行とみなした。
(58) 陸軍大臣伯爵寺内寿一「建国精神を更張すべし」（同右）五頁。

(59) 松本学『邦人類集二　皇紀二千六百年を期せよ』(邦人社、一九三六年四月、岡山県立記録資料館蔵「松本学関係文書」二七六―二(国立国会図書館憲政資料室蔵のマイクロフィルムで閲覧))三～四頁。

(60) 以上、前掲『皇紀・万博・オリンピック』一〇四～一〇八頁。

(61) 東武鉄道株式会社社長(日本万国博覧会理事)根津嘉一郎「富籤も考へよ」(『万博』三号、一九三六年七月)六～七頁。

(62) 紀元二千六百年祝典評議委員会「三　特別委員会議事録」国立公文書館蔵、アジア歴史資料センターレファレンスコードA05021167300、一九三六年七月二十一日、第一特別委員会第一回)。

(63) 正式名称は「紀元二千六百年奉祝記念日本万国博覧会抽籤券附回数入場券発行ニ関スル法律」、一九三七年四月の総選挙にともなう特別議会として七月末から八月上旬まで開かれた第七十一回帝国議会(特別会)で可決したものである。

(64) 今泉定助『国体原理』(立命館出版部、一九三五年)第八章。

第四講　「事実」化の矛盾——満洲事変の影響

一　教室外でも始まる建国神話の「事実」化

第三講でみたように、一九三一（昭和六）年九月に満洲事変が起きます。続いて一九三二年一月に第一次上海事変勃発、三月に満洲国建国、五月に五・一五事件が起き、三三年三月に国際連盟脱退、三五年二月の天皇機関説事件から国体明徴運動と、政治情勢は急展開を始めます。そのなかで建国神話の意味合いはどのように変わっていったのでしょうか。まずは尋常小学校の教室の外から見ていきましょう。

前言を翻した西村真次

満洲事変を境とする変化をよく示しているのは西村真次の言説です。そう、第二講で、建国神話の民主主義的な解釈を強調するとともに、子どもたちに史実を教えよと主張していた歴史学者です。西村は一九三四年に『日本民族理想』という本を出版します。歴史学の専門書ではなく、一般向けの啓蒙書の一種です。

西村は序文で、「満洲事変以来、我邦民衆の心持に一大変化が起り、発憤と緊張とが見られ」、「一時忘れられてゐた祖国護持の熱意が勃然として起つたのは、誠に悦ぶべき現象」と、満洲事変を国家主義再興の好機として歓迎し、本文で、「日本国家」は、「諸外国と異り、極めて美しい、紐帯の固い〔中略〕協同の精神に燃えた家族国家」と定義します。

その上で、「新派の史学々徒は、遮二無二科学的な歴史教授を要望する」が、「人類は、また民族は、初手から現在のやうな科学的な生活を送つてゐたのではない。教育の真骨頂は被教育者に適当なる教育を施すこと」だとして、次のように主張します。

目覚めた青年史学者の中には〔中略〕もつと科学的に日本人の移住と日本国家の構成との過程を教へることを要求し、現在のやうな古代史は小学児童をすら懐疑に陥らしめ、聡明なものはこれを否定して「虚偽」とさへ断言するから、是非とも此点は改められなければならぬと主張する。小学児童に歴史を科学的に教育することは、一応は尤もなやうに思はれるけれども

〔私も曽《かつ》てさうしたことを唱へたことがあるけれど〕、深く考へるとそれは却つて不合理〔中略〕小学児童は人類文化の原始形態、たとへば未開段階或は野蛮段階にある〔中略〕神話は原始時代人の自然史であり文化史であるわけで、児童はそれらを想像によつて描かれたものであるとは思はず、真実の史実であるとして受容する〔中略〕児童は原始人に等しきが故に、原始人の自然及び文化に対する考察の方法を適用して、神話的に民族及び国家の発展を説くことが効果的〔後略〕

つまり、小学生にも実証的な古代史を教えよというかつての自分の主張を撤回し、子どもは精神的に原始状態なのだから古代史も史実として受容するので史実として教えた方がよいというのです。ただし、「小学の上級生からはぼつ〳〵科学的に歴史を教授し、中学校では一層科学的に真実の史実を教授する必要がある」と留保はつけていますが。

そして、結論部分では、「日本民族は今や其位地を転換した。天智天皇以来扶植された島国根性を去つて、天智天皇以前の大陸根性に還り、雄大な計画と周到な用意とを以て、自己の国家の強化と其文明の成全とを造就すると同時に、世界人類と其国家とに人道を拡充し、利益を獲得せしめる」べきで、それが「祖先以来の民族理想だ」と結論づけています(1)。

かつての西村の普遍的な視点は影をひそめ、満洲事変以後、日本が国際的に孤立に向かう状況から生じた、国家主義的な風潮の高まりを肯定する観点から、前言を翻し、建国神話を事実として教えるべきだと主張するようになったのです。

『国体の本義』

こうしたなかで最も注目すべきは、一九三七年四月に文部省が刊行した『国体の本義』という書物です。「天皇制国家における国民支配の思想原理であり、また太平洋戦争に日本国民を駆り立て、かつ神州不滅を盲信させた思想であり、敗戦時も支配層に、「国体護持」を固執させた行動の淵源」といわれ、[2]高校の日本史教科書でもとりあげられる場合があるほど有名な本ですが、[3]その割には実際に読んだことがある人はあまりいないのではないでしょうか。

この本は、第三講でふれた一九三五年十月の第二次国体明徴声明で、政府が、「政教其他百般の事項総て万邦無比なる我国体の本義を基とし其真髄を顕揚する」、つまり、政治や教育すべてで天皇が主権者であることをはっきりさせるという方針を示したことをふまえて文部省が刊行したものです。小学校以上のすべての学校だけなく、青年団や在郷軍人会に配布されました。[4]ただし、授業で使うのは中等教育（中学校、高等女学校、師範学校）以上の学校でした。[5]さらに、政府は、「国民必読の書」といううたい文句でこの本を市販し、[6]あとでふれるように、政治や、いわゆる知識人の世界でも話題になりました。つまり単なる学校副読本ではなく、また尋常小学校の授業では使われない一方、一般向けの本とみなせるので、ここでとりあげたいと思います。

編纂は、文部省思想局長伊東延吉のもと、編纂委員として、哲学者和辻哲郎、経済学者作田荘

一、国文学者久松潜一、神道学者河野省三、内務省神社局に勤める歴史学者宮地直一、本書ですでに出てきた国語学者山田孝雄と歴史学者黒板勝美、文部省が設けた国民精神文化研究所の所員の国文学者吉田熊次（所長）と哲学者紀平正美、編纂調査嘱託として、同研究所所員の経済学者山本勝市、憲法学者大串兎代夫、国文学者志田延義が編纂・執筆を担当しました。[7]和辻、久松、河野、山田、黒板など、当時の一流の学者たちが関与した上で作られたのです。

初版の奥付には一九三七年三月三十日発行とありますが、四月に入って初版三〇万部が印刷納本され、五月には二〇万部重版しました。市販定価は三五銭で、今なら一〇〇〇円くらいでしょうか。その後、一九四三年十一月末日までに一七三万三〇〇〇部、敗戦までに約二〇〇万部が刊行されました。[8]学校関係に無料配布した分がかなりあるにしても、十分ベストセラーといえる冊数が日本社会に流布していったことになります。

序文にあたる「緒言」では、この本を刊行する理由・目的が書かれています。日本国民の思想上の対立や文化の混乱は、「我等国民がよく西洋思想の本質を徹見すると共に、真に我が国体の本義を体得すること」つまり西洋思想の特徴を見抜き、日本の国のあり方をしっかり理解すること、によって解決できる。それは、日本にとってだけでなく、「今や個人主義の行詰りに於てその打開に苦しむ世界人類のためで」、そこに「我等の重大なる世界史的使命がある」といいます。

刊行された時期から考えて、思想上の対立とは共産主義、資本主義、国粋主義などの対立、文化の混乱とは西欧文化の流入による伝統文化の動揺というような認識が念頭に置かれていると考

『国体の本義』（文部省、1937年刊）

えられます。「個人主義の行詰り」「打開に苦しむ」も、軍縮条約の失効、ドイツやスペインでの独裁政権の成立、オーストリアの政情不安、ヨーロッパ各地での領土問題などが当時の人々には思い浮かんだに違いありません。そして、そこでこの本を編纂してどのように日本という国家ができたかを確認し、建国の偉大な精神と、それが日本の歴史のなかにどう表れたかを明らかにし、国民の自覚と努力を促す、としています。

本文に入ると、国のあり方（「国体」）の説明があります。長く、読みにくい文章ですが、この本の雰囲気を感じるため、ぜひ音読してみてください。

大日本帝国は、万世一系の天皇皇祖の神勅を奉じて永遠にこれを統治し給ふ。これ、我が万古不易の国体である。而してこの大義に基づき、一大家族国家として億兆一心聖旨を奉体して、克《よ》く忠孝の美徳を発揮する。これ、我が国体の精華とするところである。この国体は、我が国永遠不変の大本であり、国史を貫いて炳《へい》として輝いてゐる。而してそれは、国家の発展と共に弥々《いよいよ》鞏《かた》く、天壌と共に窮《きわま》るところがない。我等は先づ我が肇国の事実の中に、この大本が如何に生き輝いてゐるかを知らねばならぬ。

大意は以下のようになります。大日本帝国は、永遠に代々続く天皇が、「皇祖の神勅」、つまり天照大神が発した「天壌無窮の神勅」を守って永遠に統治なさる。この大前提にもとづく「一大家族国家」として、国民全員同じ気持ちで、天皇の意志を実現できるように、天皇への忠誠と孝行を実行する。これが日本の国のあり方の一番大事なところである。このような日本の国のあり方は、変わることがなく、日本の歴史もこのあり方が貫かれており、それは国家の発展とともに尽きることがない。我々は建国（「肇国」）の時の「事実」のなかに、日本の国家のあり方がいかにはっきりと示されているかを知る必要がある。

続いて、天照大御神に始まる建国神話が紹介されます。その際、「かゝる語事、伝承は古来の国家的信念」と、事実性を留保するような表現が一瞬出てきますが、すぐに「我が国は、かゝる悠久深遠な肇国の事実に始つて、天壌と共に窮りなく生成発展するのであつて、まことに万邦に類を見ない一大盛事」と続くので、やはり建国神話は事実という前提で話が組み立てられていることがわかります。

そして、「天皇は、自然にゆかしき御徳をそなへさせられ」「臣民が天皇に仕へ奉るのは」「止み難き自然の心の現れ」で、「我が国は、天照大神の御子孫であらせられる天皇を中心として成り立つてをり、我等の祖先及び我等は、その生命と活動の源を常に天皇に仰ぎ奉」ってきているので、「天皇に奉仕し、天皇の大御心を奉体することは、我等の歴史的生命を今に生かす所以で」「国民のすべての道徳の根源」、つまり天皇にすべてを捧げ、天皇の意志を実現することが国民のあるべき姿なのだというのです[9]。

国家なくして個人なし

話は「忠」という概念の説明に移ります。「忠は、天皇を中心とし奉り、天皇に絶対随順する道で」、「我を捨て私を去り、ひたすら天皇に奉仕することで」、「この忠の道を行ずることが我等国民の唯一の生きる道であり、あらゆる力の源泉」なのだそうです。そして、「天皇と臣民との関係を、単に支配服従・権利義務の如き相対的関係と解する思想は、個人主義」にもとづく「合理主義的考へ方で」、「個人は、その発生の根本たる国家・歴史に連なる存在であつて、本来それと一体をなしてゐる。然るにこの一体より個人のみを抽象し、この抽象せられた個人を基本として、逆に国家を考へ又道徳を立てても、それは所詮本源を失つた抽象論に終る」という抽象論が展開されます。人はある時代のある国家に生まれるのだから、個人よりもその個人が生まれた場である国家の方が大事だというのです。国家なくして個人なし、というわけです。西洋の哲学や政治思想は厳しく排斥されています。

そして、「我が肇国の事実及び歴史の発展の跡を辿る時、常にそこに見出されるものは和の精神」だとし、「我が国の和は、理性から出発し、互に独立した平等な個人の機械的な協調ではなく、全体の中に分を以て存在し、この分に応ずる行を通じてよく一体を保」ち、「各自その特質を発揮し、葛藤と切磋琢磨とを通じてよく一に帰するところの大和」なのだそうです。逆に言えば、自分の「分」をわきまえない行いは否定されることになります。

このあと、日本の歴史は、「忠孝」と「大和」で貫かれてきたと説明されていきます。神武天皇の東征、南北朝動乱の時の南朝、江戸時代の国学（本居宣長など）や後期水戸学（同書のなかでは単に「水戸学」）は詳しくふれられますが、鎌倉・室町・徳川の各武家政権はほとんどふれられません。

教育に関しては、教育勅語を前提に、「我が国体に則とり、肇国の御精神を奉体して、皇運を扶翼するをその精神」とするので、「個人主義教育学の唱へる自我の実現、人格の完成といふが如き、単なる個人の発展完成のみを目的とするものとは、全くその本質を異にする」として、日本における教育の目的は「我が国の道を体現するところの国民の育成」だとします。その理由は、「個人の創造性の涵養《かんよう》、個性の開発等を事とする教育は、動《やや》もすれば個人に偏し個人の恣意に流れ、延いては自由放任の教育に陥り、我が国教育の本質に適はざるもの」とされます。やはり個人の尊重は徹底的に否定されています。

そして、「知識のみの偏重に陥り、国民としての実践に欠くる教育は、我が国教育の本旨に悖る〔反する〕」ので、「理論的・科学的知識は弥々尊重奨励せられねばならぬが、同時にそれを国民的信念及び実践と離れしめず」、「一面諸科学の分化発展を図ると共に、他面その綜合に留意し、実行に高め、以てかゝる知識をして各々その処を得しめ、その本領を発揮せしむべき」なのだそうです。科学技術は必要だが（それがなければ軍艦も軍用機も作ったり動かしたりできませんから）、国民としての役割を忘れてしまっても困るので、両方が必要だというのです。

大日本帝国憲法や、それに基づいて設けられた帝国議会、政府の判断あるいは議会の「協賛」つまり多数決を経て天皇の名で出される法令類も、こうした前提の上で意義づけがなされます。すなわち、「君民共治でもなく、三権分立主義でも法治主義でもなくして、一に天皇の御親政」で、議会も、「天皇の御親政を、国民をして特殊の事項につき特殊の方法を以て、翼賛せしめ給はんがために設けられたもの」で、法令も、天皇が、「臣民各自が皇運扶翼のために、まことを尽くし、恪循する〔従う〕道を示されたもの」なので、「臣民が国憲を重んじ、国法に遵《したが》ふは、国民が真に忠良なる臣民として生きる所以」なのだそうです。

そして結論は、「今や我等皇国臣民は、現下の諸問題に対して」、「国体の本義に基づいて諸問題の起因をなす外来文化を醇化《じゅんか》〔純粋化〕し、新日本文化を創造する」に努めつつ、「国家の大本としての不易〔変わらない〕な国体と、古今に一貫し中外に施して悖らざる〔背かない〕皇国の道とによつて、維《こ》れ新たなる日本を益々生成発展せしめ、以て弥々天壌無窮の皇運を扶翼し奉らねばならぬ。これ、我等国民の使命である」となっています。[10] 外来文化の移入自体は否定せず、日本化して取り入れるのはよいとしているところは注目すべきです。教育についてのところでもあったように、欧米の科学技術までは無視・禁止できないということです。こうした国粋主義に対する一定の留保は、文部官僚や和辻哲郎が主張したとされています。[11]

率直にいって、怪しい新興宗教の教義書のようで、とても正気の沙汰とは思えません。なぜそうみえるかといえば、現在の日本や、世界の各地、なかでも議会制民主主義国家で生きる人々と、物の考え方の前提が全く異なるからです。天皇の先祖が国家を作ったという前提から、国家あっての個人であり、国民は国家を体現する天皇の意志に従い、天皇にひたすら奉仕するのが当然だという考えが導き出されています。でも、その天皇の意志とは実際にはだれが決めるのでしょうか。天皇が間違うことは本当にないのでしょうか。しかしこうした疑問は、この本にはありえません。すべての大前提が、神が子孫に下した掟のようなもの（「天壌無窮の神勅」）だからです。

もっとも、本書をここまでお読みの方は、すでにどこかで見たような話ばかりだなとお感じでしょう。本居宣長の『玉くしげ』、会沢正志斎の「新論」、そして「教育勅語」、これらの延長線上にこの『国体の本義』があることは一目瞭然です。ただし、ここで新しく明記されていることがあります。西洋の哲学なり政治思想、そしてその根本にあるとする個人尊重への批判です。つまり、明治維新後の日本では、西欧的な個人尊重の思想が普及したために社会が不安定になったので、本来の日本を取り戻そうというのが『国体の本義』の趣旨だったのです。

社会でどう受け入れられたか？

この本は、肯定的評価もありましたが、法治主義を否定しているとして衆議院で批判されたり、科学的な国家主義をかかげた里見岸雄（田中智学の息子）から建国神話を事実とみなすことの非科学性を批判されたり、哲学者西田幾多郎から個人主義否定を批判されるなどの動きが出ました。そこで文部省は、この本の主張をさらに展開する『国体の本義解説叢書』のシリーズを刊行していきます[12]。

では、十代の少年少女を含む国民はこの本とどう向き合ったのでしょうか。この本については、語句や文意についての解説書が六種類出ています。なかでも版を重ねたのは『国体の本義』刊行後三ヵ月で刊行された三浦藤作編『国体の本義精解』です。ハードカバーで四〇〇頁を超えるほど分量の多い本ですが、一九四一年六月までに一三五もの版を重ね、これもベストセラー級です[13]。その他、一九四一年には『国体の本義解説大成』という、解説書の総集編のような本まで出版されています[14]。

『国体の本義精解』の巻頭にある「凡例」には、「本書は、「国体の本義」が一見行文平易にして分り易きが如くにして、しかも、内容多岐、案外に難解なることを思ひ、これが解説指針の必要を痛感して編纂したものである。従つて、編者の精神は、どこまでも国体明徴の公定本とも言ふべき原本の本旨を正しく諒解せしめんとする所にある」と書かれています[15]。その一年数ヵ月後に出された沢田総清『要解国体の本義』も、序文にあたる「緒言」で「此の書物の内容が深遠で」「往々にして」、「文意の不徹底を来す[16]」としています。『国体の本義』は、とにかく難解な本だとされていたのです。

『要解国体の本義』の「緒言」には受験生向けの言葉も書かれています。『国体の本義』が授業で用いられるのは中等教育の場ですから、受験生というのは高等教育、当時で言えば高等学校、大学予科、専門学校、高等商業学校、高等師範学校などの受験生ということになります[17]。そして、「あくせくと受験準備の事にばかり、忙殺せられて、誠に国体の真意義をかへり見ぬ者があり、断片的な公式と符号とに、敏感なるべき頭脳を麻痺させて所謂「物しり」にならうと狂奔してゐる者があるならば、特に本書を精読して、吾等の国民的使命は何であるかをしつかりと把握せよ」と書かれています。

しかし、この『要解国体の本義』の本文をみると、本文のあちこちに傍線が引かれて「全文ノ内容上ヨリ、解釈セヨ」という課題が示され、さらにまとまりごとに「参考問題」「書取研究」「作文課題」も出されており、解説書というより実質的には問題集となっていて、「国体の本義」を理解するというよりは、受験勉強の手段として『国体の本義』を読解するための本といえます。

さらに一般市民向けには、東京市立第二中学校の教諭鎌田重雄が書いた『誰にもわかる国体の本義』という本が、英語の辞書や参考書で有名な研究社から一九三九年に出版されました。その出版広告には、「文部省発行の『国体の本義』は国民必読の名著であるが、学生及び一般人には猶《なお》難解なるを免れない」ので、全文を口語訳し、かつ解説をつけたとあり、「学生は勿論、青年・会社員・店員全諸君に薦む！」と締めくくられています。しかも「忽《たちまち》五版」とあります[18]。

高等教育をめざす受験生にさえ難しいのですから、中学以下の学歴で社会に出た社会の大多数の人々にとって、原文で読むことは困難であり、こうした書物の需要があったことがわかります。

ただし、政府が「国民必読の書」として推奨したにしても、受験生ではない人々がそこまでして『国体の本義』を読む必要はどこにあったのでしょうか。内容を知らないと就職・転職・昇進・日常生活に差し支える可能性があったのでしょうか。詳細は今後の研究課題とせざるをえません。

とにかく、『国体の本義』は一般人が読むにはいささか難解すぎました。しかし、政府が中等教育の授業で使わせたり、「国民必読の書」と意義づけたり、高等教育段階での入試に出たりしたので、人々の社会的地位の上昇の手段という面[19]だけでなく、その内容が公定の政治思想だということが社会の共通理解になったことは間違いありません。

そして、日中戦争が始まってからのことになりますが、一九三九年末には決定的な事件が起きます。津田左右吉の建国神話研究が糾弾される事件です[20]。

津田は糾弾されたが

原理日本社という右翼団体がありました。歌人三井甲之《みついこうし》、国士舘専門学校教授蓑田胸喜《みのだむねき》らが主宰し、一九二五年からは雑誌『原理日本』を刊行、大学粛正運動、つまり、主に東京帝国大学の教員で、三井、蓑田らが左翼的、自由主義的と認識した人々の排斥を主張していました。日本のエリート養成校で西洋かぶれはいかんというわけです[21]。

一九三九年十二月、『原理日本』臨時増刊号に、蓑田の論文「津田左右吉氏の神代史上代史抹

殺論批判」が掲載されました。ここでは、『津田左右吉氏の大逆思想』と題した抜き刷り（その部分だけ抜粋した小冊子）を用います。

その中で蓑田は、津田左右吉の著書『上代日本の社会及び思想』『神代史の研究』『古事記及日本書紀の研究』（第二講でふれた『古事記及び日本書紀の新研究』の改訂版）の内容を紹介した上で、「かくの如き津田氏の神代上代史捏造《ねつぞう》論、即ち抹殺論は、その所論の正否に拘らず、掛けまくも畏《かしこ》き極みで」、「「皇室」に対し奉りて極悪の不敬行為を敢てしたものなるは勿論　皇祖　皇宗より　仲哀《ちゅうあい》天皇に及ぶまでの御歴代の御存在を否認まつらむとしたもので」、その罪は、「国史上全く類例なき思想的大逆行為である」と糾弾しました。[22]

「その所論の正否に拘らず」――似たような言い回しは本書ですでに何回か出てきました。一回目は藤田東湖の「弘道館記述義」、二回目は、筆者不明の「国家の大事を暴露する者の不忠不義を論ず」でした。事実であっても政治上都合の悪い話は公表してはいけない、これが都合の悪い議論を封じるパターンのようです。

ところで、ここで糾弾されている津田の著書は、『上代日本の社会及び思想』が一九三三年、『神代史の研究』と『古事記及日本書紀の研究』が一九二四年と、この時点で刊行後すでに数年～十数年経っています。それなのになぜこの時点で糾弾されることになったかといえば、早稲田大学史学科の教員であった津田がこの年から東京帝大法学部に非常勤講師として出講したことが原因でした。[23]そこで国粋主義的な思想を持つ学生らに糾弾され、もともと東大法学部の思想傾向

津田左右吉

に不満な蓑田らがそれに目をつけ、糾弾の標的にしたのです。

蓑田らは、津田と版元の岩波書店を不敬罪で東京地方裁判所検事局に告発、取り調べが始まり、出版統制を扱う内務省警保局は一九四〇年二月にこれら三冊と『日本上代史研究』を発売禁止としました。そして司法省は三月八日に津田とこれらを出版した岩波書店の経営者岩波茂雄を出版法違反で起訴、津田は早大教授辞任を強いられ、十一月から東京地方裁判所で裁判が始まりました[24]。

十二月二十三日の公判で検事の論告が行われ[25]、たとえ記紀などに「一部史実トシテ信ジ難キ、不可解ナ点ガ」あっても、「其ノ記述ハ皇室ノ御由来並ニ御事蹟、又ハ国家ノ起源ニ関スル記録ヲ多ク含ミ、其ノ大筋根幹ハ日本ノ上代ノ史実ヲ筆録シタモノトシテ古来吾々日本人ノ皇室観乃《ない》至《し》国体観ノ拠リ所トナツテ居ルノデ」、「皇室、国家ニ関スル史実其ノモノ、随テ国家生活ノ根本的秩序ヲ破壊シタル場合ニハ、其ノ罪責ヲ回避シ得ザルモノ」、すなわち、いくら不可解な点があっても国家の根本を揺るがすような研究は犯罪という理由で、禁錮八ヵ月を求刑しました。これも藤田や蓑田と同じパターンの論法です。

一九四二年五月二十一日、津田に禁錮三ヵ月、執行猶予二年の有罪判決が出ました。判決は、

『古事記及日本書紀の研究』の一部の叙述が崇神《すじん》、垂仁《すいにん》の二天皇の実在を否定しかねないことが「皇室ノ尊厳ヲ冒瀆」しているとして有罪とされましたが、それ以外は、神代史を「歴史的事件ヲ記録シタルモノト解スルコトハ現代人ノ理性現代人ノ知識ヲ以テ之ヲ為シ得ザルモノ少ナシ」である以上、国家の起源について何の議論も許さないことは、「我皇室国体ニ付却テ疑惑ヲ抱カシムル」という理由で無罪となりました。裁判官は、常識的に見て、神話の非事実性自体まで否定することはできなかったのです。少なくともこの点については良識ある判断といえます。

つまり、津田の著書に確かに皇室の尊厳を冒瀆した部分があるからそれは有罪だが、神話の実在性への学問的批判は許容されました。検察側は控訴しましたが、上級審が行われないまま一九四五年の敗戦を迎え、裁判は自然消滅しました(26)。

その後の歴史書

このあと、太平洋戦争期の一九四三年に、政府が歴史の概説書を公刊します。文部省編『国史概説』上・下二巻です。エリート官僚の採用試験である文官高等試験の科目に国史を追加した関係で政府公認の受験参考書として計画され、中堅どころの日本史研究者が分担して執筆にあたりました(27)。政府の編纂物ですから、神代史については「神代の伝承は国体の真義を示し、且つ永遠に国史を貫ぬいて生成発展する国家生命の源泉」なので、「これを過去の歴史的事象として考察すると共に、その尊厳にして且つ悠久なる精神的意義を把握し、以てこれが国史の生命として展開せることを明らかにすべき」[28]と、神代史を事実と認識する形になっています。

しかし、東京帝大国史科の教授を務め、一九三九年に死去した三上参次の遺著で一九四三年に刊行された『国史概説』（文部省のものとは別の書物）では、神代史の章の冒頭に「神代の歴史は茫乎《ぼうこ》として際涯《さいはて》なきが如く、単に史実として解すること能《あた》はず」、『古事記』『日本書紀』などについても、「当時の口碑伝説を後に輯録《しゅうろく》せるものなれば、其の神代の記事は真の事実として果して那辺まで信憑するに足るものなるかは疑はし」と明記されています。もっとも、記紀についでは「神典」だという理由で「之を科学的に研究するも、頗《すこぶ》る社会の事情を参酌して発表する要あるべし」と釘を刺してはいます[29]。この本は大学の講義録をもとにしており、「頗る独創的批判に富んで居るが、今日そのまゝ公にするのは却て博士の本意でないと思はれる字句について、慎重に考慮した上改めた所もある」[30]のだそうなので、釘を刺す部分は出版時の加筆かもしれません。

また、前にみた黒板勝美による日本史研究の入門書『国史の研究』総説は、増補版が一九三一年に初版が刊行されましたが、一九四一年に九刷が出ており、そこでも「神話伝説を以て直ちに史的事象となすべからざる以上、日本書紀でも古事記でも悉《ことごと》く之を史的事象として解釈すべきものではない」と明記されています[31]。

つまり、津田事件のあと、政府は建国神話を事実とみなす歴史書を刊行したものの、市販される本であっても、建国神話のすべてを事実とはみなせないという程度の叙述までは許されていたのです。司法の独立は維持されていたといえます。

二　建国神話教育への影響

満洲事変勃発の翌年である一九三二年の年末、ある小学校教師向け雑誌の教育界年末回顧記事に、同年一月の第一次上海事変勃発と三月の満洲国建国という「未曽有の国難は一面に於てわが国民の歴史的精神を喚起し」、「時局其のものが現実的に国史教育としての効果をあらはし」、「日本的精神を究明する国史教育を盛ならしめた」という記述がみられます[32]。では、実際、どの程度盛んになったのでしょうか。

国家主義の台頭と国史教育

これを書いた大松庄太郎は、一九三五年の小学校教員向けの誌上講座で、この点について以下のように説明します。一九三五年といえば、満洲事変への非難の反発として日本が一九三三年に国際連盟を脱退して二年後になります。

大松は、第一次世界大戦終結後、国際連盟の実現や「すべての方面に世界的とか国際的と」言われるようになり、「国史教育の必要が叫ばれなくなり、甚だしきは、進んで不要を唱へるものがあり、縦令《たとい》国史教育を認めるとしても、其の教材を革新して、文化史たらしめんとするもの丶出たことは極めて必然」だったと言います。第二講でみた志垣寛『文化中心　国史新教授法』はまさにこうした趣旨の本でした。

大松の話に戻ると、今や世界各国は「国家的・国民的となつて」、ドイツのナチスやイタリアのファシスト党など「極端な自国本位の思想も出」てきたので、「今度はどの国でも、国史を尊重しはじめ」、日本でも満洲事変、満洲国建国、連盟脱退などによって、「「日本精神」宣揚の声をきくに至つたのも決して偶然ではな」く、「日本精神乃至之を基調とする教育並に国史教育には時代性から見ても、超時代性から見ても、宣揚すべき真理が含まれる」ことになりました。しかし、「日本精神の定義は容易のことではありません」。結局、「日本精神は「まこと」であり「真理」であり、之が認知感得こそ国家教育の目的」なのです。[33] 日本精神とは何かという問題さえはっきりしないのであれば、国史教育の必要性は認識されても実際どうすべきかは模索中だったことになります。

しかも、そういう模索が始まったばかりでもあり、子どもたちの「日本精神」認識は甚だあやしいものでした。たとえば、一九三三年初頭に行われたとみられる『歴史教育』誌の教育関係者向けのアンケート「古代史の教授と神話の取扱」では、東京高等師範学校教授亘理章三郎が、「私は広く我が国の少青年の思想を観察したる結果、我が国の古代史、殊に神話に関する教授が其の要を得ぬ為め、反動的に悪思想に傾く者が少なくないと云ふ事実を確めて居ます」と答えています。

また、第二講でとりあげた南北朝正閏問題で東京帝大を追われ、当時は東北帝国大学（現在の東北大学）に勤めていた歴史学者喜田貞吉も、同じアンケートで「国体も、単に万世一系皇統無窮といふ事だけでは近ごろの一部の若いものにはピンと来ません。天照大神の神勅によつて定まつて居るとか、君先民後だとか云つても、それだけで成る程と得心せぬものも多い今日です。皇統の長《とこ》しへなることを云へばすぐエチオピヤにもそれがあるなど、不敬な事を云ひます。我が皇室の御先祖は我々土人の安住の地を奪つて国家を建設したもので、日本もやはり掠奪によつて成つた国家であり、国民は其の下に圧迫されて、事実上奴隷の階級に置かれたのだなどと、飛んでも無い事を云ひ出」すと答えています。(34) つまり、学校における建国神話教育の効果は低いというのが専門家の見立てでした。

そうしたなか、一九三四年から国定第四期の国史教科書の使用が始まりました。文体が「ですます調」になった以外は第三期とまったく同じ内容です。こうした尋常小学校の国史教科書の重要性について興味深い指摘をしたのは、東京帝大史料編纂所の助教授で日本近世史専攻の中村孝也です。

中村はまず、「国史教育は国民教育の中の主要教科で」、「「正しき日本国家人」を養成することを主眼とする」とし、「国民教育の使命を達成するために、国史教科は、他の多くの教科中において、特殊な高い地位を占めてゐる。それは歴史といふ学問の本質より来る結果である。歴史といふ学問は、知識的要素と教化的要素とを包有して成立してゐる」とします。そして、「国史教育として望ましい教材は、学術的に論証を経たる道徳的のもの」だが、「現在における歴史の研究及び教育は、余りに知識本位に偏傾してゐる」ので「今や翻然として、その正しきに帰すべき時は来た」と主張します。

そして、「尋常小学国史は、教育力の絶大なることにおいて、古今〔の名著〕に類する名著」と言います。その理由は、「古事記・日本書紀以後」「世道人心に多大の影響を及ぼした」史書は少なくないが、読者は「知識階級の中の特種なる一部分」だったので、「その教育力は間接的たるを免れない」。ところが「我が尋常小学国史は、直接に、その教育力を全国の児童に及ぼ」すので、「その効果の絶大なること真に古今に冠たるもの」だからだというのです。

中村は教科書が名著である理由をさらに具体的に説明します。一九三三年現在、『尋常小学国史』で国史を学ぶ五年生と六年生は約三〇〇万人おり、それが一〇年、二〇年、三〇年と続くので、この本の読者はのべ数千万人になるが、国民の多くが義務教育のみで終わり、「児童は白紙のごとき純真さを以て之を受け容れるのであるから、その教育的効果の深さは、測るべからざるもの」がある。そこで、「尋常小学国史を活用し」、「その教育的効果を倍増せしむる工夫を運《めぐ》らすべきこと」が「急務」なのです(35)。つまり、国定国史教科書ほど多くの人が読む歴史書はないのだから、歴史教育の使命達成にはこの教科書の活用が大事だというのです。

依然委縮する現場

しかしなお、「現代に最も深い因縁をもつてゐる神代、其のもたらす教育的効果は著しいと云ふことは識者の等しく認める所ではあるが、国民精神の涵養とか、日本魂の啓培とか八釜《やかま》しく言つて居る〔に〕拘らず、まだ〳〵我教育界では此国民精神の源泉たる神代史を等閑視してゐる傾があることは甚だ遺憾(36)」、つまり、国史教育の現場では相変らず建国神話をきちんと教えない傾向が強かったのです。

当然、建国神話の指導問題は教師用指導書でも必ずふれられていくのですが、具体性に欠けたものばかりでした。一九三四年刊の指導書は、「神代史に疑問を懐《いだ》く児童が予想される。然も、この方が遥かに多く起るものと覚悟しなければならぬ。子供とはいへ、既に尋五ともなれば、決して油断はならない」が、「教授の仕方によつて、予め防ぐ事を考へて置けば、後になつて狼狽する事はない」としますが、その対策といえば、「教師の態度如何で、余りに科学的態度に出ると、この逆襲に会ふものと覚悟しなければならない。勿論不真面目な態度であつて、苦しい立場に追ひつめられる」という程度の抽象的なものでした(37)。

また、第一講で出てきた福岡高が書いた一九三五年刊の指導書では、まず「歴史教育の真の目的は人間完成」で「国史教育の最後的目的は、我が三千年の国体の事歴を通じて、日本人たるの自覚を把握せしめ、日常生活に、そして又非常時局に際会して、立派に日本人たるの使命を遂行し得る国民の養成に在る」とした上で、「往々にして智識の伝授に腐心することの多きは」、「指導的理念の確立せざるを意味する」として、「国史教育の規範とは、史実の教育化」で、「之を具体化すれば或は皇室中心思想となり、或は天皇親政主義となり、国本外交となり、忠孝一致殉国の精神等幾百千を挙げ得る」とします。自発的に国家に殉じる人間の養成が小学校の日本史教育の目的だということです。日本における教育の目的自体が教育勅語でそのようになっているわけですが、ともすると目的が見失われがちだという認識がうかがえます。

こうした前提の上で、「天壌無窮の神勅」の教授について、「日本神話の核心をなすものであり、国民道徳の根源をなすものであつて、実に日本教育の最高規範」なので、「この信念を強く胸に抱いて教育に臨むことこそ教育者の緊要なる態度」であり、「科学的研究態度に禍《わざわい》され、神勅を以て、記紀編纂当時に於ける、作者の政治的作為の産物であるかの如き疑心を以て、教育に臨む者があるが、其は最も慎む可き事」とします。その理由として、「神勅」の真実性を論じるのですが、それは第一講で引用した通り、本文ではなく「一書」にあることが創作ではないことの証拠というものでした[38]。

そうしたなか、第二講で教員試験受験者の代表的な参考書『日本国民史』の著者として登場した斎藤斐章は、一九三六年刊の指導書で、「近ごろ、岡田内閣当時から国体観念を明徴にすべきことが高調せられ」、「世挙つて国体擁護を第一義とするに至つたことは国史教育に当る吾々の意を強うするもので」、「吾々国史教育の任に当るものは一層国史教育の徹底を期し国家社会の寄託に報ゆる所がなければならぬ」とします[39]。つまり、歴史教育の国家的重要性が増しているので、国家の要求を満たすようしっかりやらなければならぬというのです。

といっても、やはりそれは簡単ではありませんでした。東京文理科大学（のちに東京教育大学、現在の筑波大学）教授有高巌《ありたかいわお》は、「史実と云ふよりは「事実の真」をもつと思はれる神代史を、悉く事実的に取扱ふと云ふことはよろしくな」く、「神代史への導入や其理解の過程に於ては、児童をして疑問を起させるやうな取扱であつてはならない」とし、その対策として、「我々は我々の幼時に於て、母親から聞かされた話に対しては疑ひをもたなかつた」ので、自宅にいるような「和やか」な「雰囲気が教室にも必要で」あり、「疑問を起させぬやうにすると云ふことは、必然的に児童の体験を重んじて行くのが重要な点となる。神代史それ自体が、よその国の神代史ではないから、これを児童自身の内側の問題として理解せしめて行きたい」といいます。

しかし、そのための具体策は提示されず、「神代史の取扱は一面より云へば老練なる特殊の技巧を要するが、その技巧は其背後の人格の光を伴ふものでなければ、実際上の効果はあげ得ない。こゝにも教師の神代史への深い教養と、神代精神、即ち日本の国体精神を体得し実践しつゝあることが、総ての基調をなすと申す事が出来る。神代史の取扱は最も困難ではあるけれども、決して不可能ではなく、これをなし得る人こそ優れた歴史教育家」(40)とまとめます。つまりは、建国神話の正しい授業は普通の人にはできないと言っているのと同じで、これではやはり皆深入りせずに済まそうとしてしまうでしょう。

学校現場の調査

しかし、現場の模索は続きました。日中戦争勃発の一年後の一九三八年、『歴史教育』誌で、

「国史教育調査」という企画が始まります。現場教師の子どもたちへのアンケート調査の報告を掲載する企画です。そのなかで、建国神話に関する事項が出てくる二つの報告を見てみましょう。

一つは、愛知県の都市部の尋常小学校五年生のあるクラス（男子三八名）の事例です。報告者の教師によれば、「児童の家庭は」、「帰校後、学習に充分余裕のある家庭」です。五年生の途中ですから、鎌倉時代に入るぐらいまでのところです。好きな人物については、源義家二四名、日本武尊一二名、菅原道真一二名、藤原鎌足六名、天照大神五名、坂上田村麻呂四名。神武天皇三名などとなっており、天照大神は第五位、神武天皇は第七位で、決して高いとは言えません。

このうち源義家は平安時代後期の武士で、武勇に優れ、朝廷に忠勤したとして教科書で高く評価されていた人物です。この結果について、調査した教師は、「義家は最近習つた人物であり、且憧れの武士の発現と云ふ事が、彼等の性情に一致した為であらう。天皇を殆どお挙げしないのは畏れ多い点」だと分析しています。

好きな時代は、平安時代二一名、神代、大和時代は各八名などで、嫌いな時代は、奈良時代二二名、大和時代と平安時代が各五名、神代三名などとなっています。神代が嫌いという子もいます。好きな課は、「義家」一八名、平氏の「勃興」六名。菅原道真五名、天智天皇と藤原鎌足が四名。日本武尊と和気清麿が各二名、天照大神一名。嫌いな課は、「藤原氏の専横」一三名、「最澄と空海一二名」、などとつづき、天照大神や神武天皇は一名ずつです。神代は時代としては人気があるが、教科書の内容としての神代や神代の人物は人気がないことがわかります。この結果

について、調査した教師は、「児童の正義感、或は男性的な題材を喜ぶ傾向が、こゝにも認められる」と分析しています。(41)

もう一つは、新潟県の農村部の尋常小学校五年生（男女各一クラス合わせて五四名）の事例です。報告した教師の分析では、児童の家庭の大部分は農家で、「子弟の教育を顧みる暇が無」く、「児童の総合的知識は貧弱」とされています。(42)

教科書に登場する人物への好感度では、最も人気があるのが、二〇名の支持を得た源義家、平重盛の八名、源義経の七名と続き、菅原道真、仁徳天皇、天照大神はいずれも二名、神武天皇、和気清麿はいずれも一名です。平重盛は平清盛の息子で、清盛が後白河法皇を幽閉しようとした、いわゆる鹿ヶ谷《ししがたに》の陰謀の際、法皇幽閉に反対した忠臣として教科書に採用されていました。やはり神代の人物は人気が低くなっています。

この結果について、調査した教師は、天皇関係が少ない理由について、「我が皇室は万世一系――唯一絶対、理論批判を超越した存在との信念である、故に彼等の批判の対象とはならず悠遠の彼方にある。（筆者の指導態度もこれである）」としています。天照大神や神武天皇など、授業では敬して遠ざける存在になっていたことがうかがえます。(43)武将で忠臣とされた人物の人気が高いことは、「道徳教育をなす以上は、所謂善人は非常に善人に表はし、悪人は飽迄も悪人として、はつきり表は」すという、第一講で紹介した、第三期の教科書を執筆した藤岡継平の執筆意図を思い出させます。

そして、実際、尋常小学校で学んだ建国神話に関する知識の定着度はどうだったのでしょうか。社会学者右田裕規氏の研究(44)によれば、陸軍省と文部省が一九三一年から二十歳の男性に行っていた「壮丁教育調査」の結果を見ると、四二年の調査で紀元節はどの天皇の即位を祝う日かという設問に対し正答率は六二％弱、四三年の初代天皇は誰かという四択問題の正答率は六七％、建国以来の年数を聞く設問では、一九三三年で五八％、三四年で六七％強で、右田氏はいずれも正答率は高いとはいえないと評価しています。ただし、建国以来の年数については、さすがに一九四二年の場合は正答率が八三％強と高くなっています。皇紀や建国神話は低学年でも国語や修身、唱歌で扱うことを考えれば、この正解率を低く評価する右田氏の見解は納得できるところです。

究極の言説へ

右の調査に見られるように、歴史教育について冷静な対応を模索する動きがあり、しかも、少なくとも日中戦争勃発前には、教師向けの雑誌に次のような理性的な言説すら見られました。たとえば、「極右的ファッショ的、排外的思想に対しては、決して同意するを得ざる」として、「我が東洋的思想には総合があつても分析は足らず、直感的な預言があつても、演繹、推究が貧困で、特に論理的組織、体系的構成には甚だしき欠陥がある」ので、「常に濶大《かつだい》の意気を以て、広く世界の文化を研究し検討して、其の精華を摂収せんことを努めねばならぬ」というようなものです(45)。

しかし、教科書の聖典化は進んでいきます。建国神話からは離れてしまいますし、時期的にも一九三七年七月の日中戦争勃発後になりますが、事例を一つ紹介します。

ある師範学校付属小の教員は、教師向けの雑誌で、「国史科は」「日本精神の涵養と其の発揚に努めることを使命と」し、「小学国史教科書は是の使命に基き、更に児童の特性を考慮して国家の編纂せる責任附の基準書」なので、「一語一句の末に至るまで、悉く国家の血が流れ、息が籠つて居るのであつて、教師の国史教育及び児童の国史学習の経典」と、教科書を「経典」にまでまつり上げます。そして、第四期の国史教科書を「過去の教科書に比して形式内容共に非常に良く出来て居り、恐らく世界に其の比を見ない」ので、「教師は教科書の精神を体得出来るまで素直に、真面目に」、「明鏡止水の心をもつて一字一句魂を籠めてひたすらに読み行く間に国史教育の使命も、該教材の使命も自ら体感されて不動の教育的信念が此処に打ち立てられる」とまで言います。

あまりに精神主義的な物言いにウンザリしてしまいますが、現在の我々から見ておもしろいのは次の部分です。「国史教科書は教師、児童共に経典とすべきものであるから」、「読み仮名を付したり、破損したり汚したり、挿絵等に彩色したりさしてはならない。乱暴な生徒になると聖徳太子の御姿に彩色したり、道鏡にひげをつけたり、する者があるが、厳重に禁止」せよといいます(46)。当時も、授業が退屈で教科書に落書きする子どもたちがいたのです。聖徳太子にどんな色を塗ったのでしょうか。「明鏡止水の心をもつて一字一句魂を籠めてひたすらに読み行く」だけでは、到底こうした事態の発生を防ぐことはできません。具体的な教授方法の提示が求められるはずですが、この論文にそういうことは書かれていません。

さらに、一九三九年には、戦死の際に「やはり日本人として、祖国の為に喜んで「天皇陛下万歳、大日本帝国万歳」を叫ぶものであることは、現に我々の耳に聞き、目に読むところである。我々は、全国民をしてかゝる態度、かゝる決心を小学校教育に得させねばならぬ。国民にもし非国民的態度ありとすれば、国家的生命の自覚を得させるべき国史教育の不徹底として、大いに反省せねばならぬ」とした上で、「神勅は国家の大理想」、「国史は神勅の具現」、「生命は国家によつて賦与せらる」、「国家に生命を捧げることが個人を全うする所以である」ことを国史教育の目標に掲げる言説まで現れました(47)。ついに「非国民」までできたかという印象を持たざるをえません。

高等小学校・受験参考書・中学校

ここで尋常小学校以外の学校での建国神話の授業にも簡単にふれておきましょう。高等小学校については、一九二六年の教師用指導書で、神代史について「理智一篇、理論づくで進み得らるべきものではない。神話を説くに、理屈を以て、或は科学的に考を以てするならば、夫れは最も大なる過失であつて、恐らく其の教授は失敗し、何等価値なき死せる教授とな」り、「国史教授のスタートを誤りしもの故、最後まで取返す事の出来ざるエラーとな」り、「引いては国民の精神をして、動揺せしめ国家の為め由々しき問題を惹起する」ので、「何所《どこ》までも神話として児童をして、天国にあらしめ、且つ我が祖先の尊厳にして、超人的なりしを思ひ自ら意を強ふせしむることが肝要で」、高等科だからといって「猥《みだ》りに知的解釈や判断等をして、其の価値を減殺せしむる様なことがあつてはならぬ」とあります。(48) 尋常小学校とほぼ同じ扱いだということがわかります。

次に、中学・高女受験の参考書で建国神話がどう扱われていたのでしょうか。一九三六年刊行のものを見ると、序文にあたる部分（「正しい国史の学び方について児童諸君へ」）では、「本書によつて勉強する人は、平生国史といふものを面白く愉快に学ぶから、いつの間にか自分の心や行を正しく強くして、立派な日本国民として成長し」、「国史の実力がついて、学校の試験にも、入学試験にも必ずよい成績をとることが出来て自分の目的がどん／＼達せられていくのであります」とあります。

そして、「天照大神」の部分は、「何分千数百年前の事を、言ひつぎ語りつぎして伝へらるゝまゝ、後の世になつて書かれたものであるから、はつきりしないことも多く、不思議な事も多い」が、「其の一つ一つに疑をもつたり、不思議を起したりしてゐては、本当の昔の事を知ることが出来ない。古いことは古い事、昔の事は昔の事として、そのまゝに読み、そのまゝに聞いて、中に含む意味をよく考へてみることが大切」で、「書いてあることについて、これは本当のことか、うそのことか、これは実際にあつたことか、なかつたことかなどと、うたがつたり、つついたりするよりも、其の話の心持を考へ、ねうちをさがすやうに心がけることが大切」とされ、付記されている入試問題の実例も、「天皇陛下の遠い御先祖の方は何といふか」、「天照大神の御徳について言ひなさい」、「天照大神は日本のために、どんなことをせられましたか」、「天照大神が御孫瓊瓊杵尊を此の国に降し給ふにあたり何と仰せられましたか」、「御神勅は我が国体の上に、どういふ事がらとなつてあらはれてゐますか」などと、建国神話を事実として記す形になっていました[49]。

中学・高女については、一九三九年の教師用指導書を見ると、「神代史は単に神話として、歴史的世界のものではないかの如くに、考へられ勝ちであつたと思ふが、少なくとも我が大和民族の開闢伝説として、他国と異なりたる神話を有するといふことが、我が国家民族の特異性を既に語つてゐるもの」なので、「深き民族的信念に根ざせるものたるを悟らしめる様に導かねばならない」が、「上級学年になると次第に懐疑的、批判的な傾向をすべてに持つ様になる」という「心理的傾向を考慮し」、「神話の情的理解と共に、知的理解を導く」のがよく、「ギリシヤ神話、印度神話等との彼我の対照をなして、我が神話の特質を明示し、その特質の由来する所が、我が国家生命、民族生命たるを強調し国史に対する深き自信と誇りとを自覚せしむべく導かねばならない」とあります[50]。小学校ほど無理強いという感じではありませんが、「国史に対する深き自信と誇りとを自覚せしむべく」とある通り、神話を歴史の一部として扱う方針は明確です。

高等小学校は小学校の続きですから建国神話を事実として扱うのは当然として、エリートコースである中学校・高等女学校でも、基本原則は同じだったのです。

結局、満洲事変を機に、一般社会では国民の国家への動員を強めるために建国神話の事実化が進みましたが、政府としてそれを推進するため「国民必読の書」とした『国体の本義』が難解だったため、どこまで実現できたか怪しい状態でしたし、学者が建国神話の実在性への疑問を呈することは容認されていました。また、同じ事情で必要性がさらに認識された国史教育、なかでも建国神話教育の強化ですが、結局、事実でない話を事実と教えるという矛盾を解決することはできませんでした。

注

（1）以上、西村真次『日本民族理想』（東京堂、一九三四年）「序文」一頁、以下本文二一〇、二一八〜二二〇、二二二、二三三〜二三四頁。

（2）久保義三『新版 昭和教育史——天皇制と教育の史的展開』（東信堂、二〇〇六年）五二五頁。

（3）この本の趣旨の検討についての研究は、把握できただけでも、柳沢直子「『国体の本義』読解——西洋の世界性・日本の特殊性」（柳沢直子・中嶋公子編『フランスから見る日本ジェンダー史——権力と女性表象の日仏比較』新曜社、二〇〇七年）、昆野伸幸「戦時期文部省の教化政策——『国体の本義』を中心に」（『文芸研究』一六七集、二〇〇九年）、土佐秀里「『国体の本義』の〈神話〉」（『二松学舎大学東アジア学術総合研究所集刊』四三、二〇一三年）、佐藤優『日本国家の神髄——禁書『国体の本義』を読み解く』（扶桑社新書、二〇一五年、初刊二〇〇九年、産経新聞出版）、保阪正康『ナショナリズムの昭和』（幻戯書房、二〇一六年）などがある。本講では建国神話や社会との関係に留意しつつ検討する。

なお、佐藤の著作は、この本をテーマにした戦後では初の一般書と思われるが、「ヘイトスピーチ、排外主義言説を克服するための思想的武器として『国体の本義』を最大限に活用してほしい」（四頁）と、実践的な目的で書かれていることに留意する必要がある。

(4) 大内地山『国体の本義解釈』（協文社、一九三七年）。「序」一頁

(5) 三浦藤作編『国体の本義精解』（東洋図書、一九三七年）六頁。

(6)『官報』一九三七年六月三日付の広告。広告文の最後には「江湖に薦む一本を必ず座右に備へられよ」ともある。『官報』にはこのあと一九三八年二月下旬まで一〇回にわたって同じ広告が掲載されており、政府の力の入れ方がわかる。

(7) 以上、前掲『新版 昭和教育史――天皇制と教育の史的展開』五〇三～五二四頁。国民精神文化研究所については、前田一男「国民精神文化研究所の研究――戦時下教学刷新における「精研」の役割・機能について」（『日本の教育史学』二五、一九八二年）を参照。草稿の執筆と、関与した学者の見解を基にした改稿を担当したのは志田とされている（前掲『新版 昭和教育史』五二四頁）が、高城円「『国体の本義』の思想と久松潜一――近代における『万葉集』享受の問題として」（『青山語文』四五、二〇一五年）九九頁のように、久松の関与を重く見る見解もある。ただし、この問題は本書の主題ではないのでこれ以上深入りしない。

(8) 同右五二五頁、前掲「戦時期文部省の教化政策――『国体の本義』を中心に」六四頁。

(9) 文部省編『国体の本義』（内閣印刷局、一九三七年）六～七、九～一〇、一三、一九、三四頁。

(10) 以上、前掲『国体の本義』三四、五〇～五一、七七～七八、一二一～一二二、一三三、一三五～一三六、一四三、一五六頁。

(11) 文部省については、前掲「戦時期文部省の教化政策――『国体の本義』を中心に」六六頁、和辻については、苅部直『日本思想史への道案内』（NTT出版、二〇一七年）一九一頁。

(12) 前掲「戦時期文部省の教化政策――『国体の本義』を中心に」六六～六八頁。
(13) CiNii（NII学術情報ナビゲータ、国立情報学研究所運営の検索サイト）での検索結果（二〇一九年八月二十一日閲覧）。
(14) 『朝日新聞』一九四二年五月二十一日付朝刊一面掲載広告。孫田秀春と東京高等師範教授原房孝井の共著で大明堂という出版社から刊行されたようであるが、筆者未見である。
(15) 前掲『国体の本義精解』「凡例」。
(16) 沢田総清『要解国体の本義』（健文社、一九三七年）「緒言」二頁。なお、この本も、CiNiiでの検索結果（二〇一九年八月二十一日閲覧）では、一九四〇年四月までに七五版を重ねている。
(17) 前掲『『国体の本義』の〈神話〉』一頁。
(18) 『東京朝日新聞』一九三九年二月六日付朝刊一面。
(19) 前掲「戦時期文部省の教化政策――『国体の本義』を中心に」六四頁。
(20) 以下、この事件については、特に注記しないかぎり、前掲『津田左右吉の思想史的研究』三七三～四〇二頁。
(21) 原理日本社、三井甲之、蓑田胸喜については、竹内洋・佐藤卓己編『日本主義的教養の時代――大学批判の古層』（柏書房、二〇〇六年）を参照。
(22) 蓑田胸喜『津田左右吉氏の大逆思想』（抜き刷り、一九三九年）一〇頁。
(23) 竹内洋「帝大粛正運動の誕生・猛攻・蹉跌」（前掲『日本主義的教養の時代――大学批判の古層』）三九頁。
(24) 前掲『津田左右吉の思想史的研究』三七三、三七八～三七九、三九三頁。
(25) 以下、裁判記録は関係者所蔵のため、前掲『津田左右吉の思想史的研究』三九六、四〇〇～四〇一頁から引用した。

(26) 同右四〇二頁。
(27) 長谷川亮一『「皇国史観」という問題——十五年戦争期における文部省の修史事業と思想統制政策』(白澤社、二〇〇八年)一三二〜一四七頁。
(28) 文部省編『国史概説』上(内閣印刷局、一九四三年)二〇頁。
(29) 三上参次『国史概説』(冨山房、一九四三年)一一〜一二頁。
(30) 同右「凡例」。
(31) 黒板勝美『国史の研究』総説増補版(岩波書店、一九四一年)一六七頁。
(32) 大松庄太郎「国史教育界年末の回顧」(『学習研究』一九三二年十二月号)四九頁。国立国会図書館デジタルライブラリーで閲覧できるこの時期の彼の諸著書によれば、大松は奈良高等師範学校訓導である。
(33) 同右「二時間読切講習　国史教育の時代性と超時代性」(同右一九三五年九月号)一〇一〜一〇三、一〇六〜一〇七、一〇九頁。
(34) 以上、「古代史の教授と神話の取扱」(『歴史教育』一九三三年四月)一四四〜一四六頁。このアンケートには一三人が回答しているが、子どもたちの現状について具体的に書いているのはこの二人だけである。
(35) 以上、中村孝也『尋常小学国史の活用』第一分冊(章華社、一九三五年)一〜六、一一〜一二頁。
(36) 海老沢匡『国史教育の新思潮と実際経営』(厚生閣書店、一九三三年)一五九頁。
(37) 文学士佐藤敏雄『公開授業の訓練の仕方』(高踏社、一九三四年)八一頁。
(38) 福岡高『歴史教育講座・第三部　方法篇　教材の観照と指導方案　国民精神関係教材』(四海書房、一九三五年)三〜八頁。
(39) 斎藤斐章『歴史教育講座・第一部　理論篇十一　国民教科としての歴史教育』(四海書房、一九三六年）四一頁。
(40) 東京文理科大学教授有高巌『教育研究叢書　歴史教育』（藤井書店、一九三六年）二〇二～二〇五頁。
(41) 愛知県岡崎師範学校訓導高橋愛知「国史教育調査を顧て」（『歴史教育』一九三八年一月号）一〇〇～一〇二頁。
(42) 新潟県西蒲原郡木山尋常小学校齋藤幸太郎「本校の国史教育調査に就いて」（一）（同右同年十二月号）二四六～二四七頁。
(43) 同右「本校の国史教育調査に就いて」（二・完）（同右一九三九年一月号）一〇九～一一〇頁。
(44) 右田裕規「近代民衆世界における祝祭日のサボタージュ」（『時間学研究』二巻〇号、二〇一二年）三九頁。
(45) 小川正行「教育学界の復古的傾向とファッショ的思想」（『学習研究』一九三七年三月号）二〇、二二頁。
(46) 三重県師範学校代用附属小学校藤田一男「小学国史教科書研究の態度と取扱の要諦」（『最新史観国史教育』一九三八年十月号）八、一〇、一四頁。
(47) 白井勇「国史教育の最後に培ふ」（『学習研究』一九三九年三月号）七四頁。
(48) 静岡県師範学校訓導大石治吉・横井茂一郎・白井幸作『教案中心高等小学国史教授法』上巻（教育研究会、一九二六年）本文四頁。
(49) 広島高等師範学校訓導中山栄作『正しい国史の学び方』五年用（立川文明堂、一九三六年）「正しい国史の学び方について児童諸君へ」四頁、本文二～五、八頁。
(50) 岡本恒治『中等教育に於ける各科教授の原理と実際［2］　歴史教授の原理とその実践』（東京開成館、一九三九年）二六頁。

第五講　「紀元は二千六百年」——戦時下の建国神話

一　オリンピックの返上と万博の延期

本講では、昭和の戦争の時代における建国神話と日本社会との関係について考えます。まずは、戦時下の社会、つまり小学校の教室の外と建国神話の関係について見ていきます。

なお、ここで戦時下というのは、一九三七（昭和十二）年七月七日に日中戦争が勃発してから一九四五年の敗戦までの時期のことです。満洲事変勃発から太平洋戦争の敗戦までを一つの時期ととらえる十五年戦争という呼び方もあります。国際関係や政治思想、国家主義運動などについて考える場合にはこの呼び方も意味がありますが、経済統制や、軍隊への大人数の召集（徴兵経験者を軍隊に呼び戻すこと）のような、戦時ならではの国内の状況（戦時体制）が始まるのは日中戦争勃発以後なので、本書では日中戦争勃発以後を戦時下とみなします。

また、太平洋戦争については、中国との戦争が続いていたことや東南アジアも戦場であったことをふまえ、アジア・太平洋戦争という呼び方が学界では近年よく使われるようになってきました。しかし、一般社会への浸透度や、言葉の簡潔さという点から、戦域の広さを忘れないようにしつつ、本書では太平洋戦争という言葉を用います。

日中戦争の勃発

一九三七年七月七日、北京郊外、永定河という川に盧溝橋という橋が架かっている場所で、訓練中の日本陸軍の駐屯部隊（支那駐屯軍）に対し何者かが発砲しました。日本側に被害はなかったのですが、対岸に駐屯する中国軍部隊と支那駐屯軍の間で交戦状態となりました。日中戦争の発端となった盧溝橋事件の勃発です。ここに日本軍が駐屯していたのは、一九〇〇年の北清事変（義和団事変）に日本が出兵したことが発端です。日本軍に対する発砲者が誰かは諸説あり、対岸に駐屯していた中国軍部隊の兵士という説が有力ですが、正確なことはわかっていません。

日本と中国の関係は近代になってから常に不安定でした。一九一五年に日本が対華二十一ヵ条要求によってなかば強制的に日本の権益を中国に認めさせて以後、中国社会では反日感情が強まりました。特に満洲事変以後、日本は軍事的な圧力を背景に華北も勢力圏に収めつつあった（華北分離工作）ので、反日の動きはさらに増していました。

蔣介石率いる国民党政権は、満洲を侵略した日本への反感を持っていましたが、毛沢東率いる共産党政権の撲滅を優先課題にしていました。しかし、一九三六年冬の西安事件を契機に、二度目の国共合作（国民党政権と共産党政権の協調）が実現に向かい、中国国内では、日本を中国から追い出すことが優先課題となりつつありました。これに対し、日本は既得権益を手放す意志はなく、日中の対立は深まっていました。そんな時、盧溝橋事件が起きたのです。

現地では一時停戦が成立しましたが、日中両国ともこれを重大局面ととらえ、国民への協力を呼び掛けるとともに軍隊の大規模な動員を開始、七月末から華北（中国本土のなかでの北部）で本格的な戦闘状態となりました。八月中旬には戦火は上海に飛び火し（第二次上海事変）、中国のほぼ全土が戦場になっていきます[1]。

日本はこの戦争を当初は北支事変と呼び、第二次上海事変勃発直後にこの二つを合わせて支那事変と呼ぶようになりました。「事変」と呼んだのは、正式に宣戦布告して国際法上の戦争にすると、アメリカの中立法が適用され、日中ともにアメリカから屑鉄や石油、工作機械など、戦争遂行に必要な物資が輸入できなくなるためです[2]。ただし、実質的には本格的な戦争だったこと、「支那」という言葉は中国に対する蔑称として使われた面もあるため、現在の日本では日中戦争と呼んでいます。

国民精神総動員運動と建国神話

日本政府はこの戦争は、中国における日本の正当な権利を認めない中国政府を懲らしめるためだと宣言、さらに九月二日に、国民に戦争への協力を呼びかける国民精神総動員運動の開始を宣言し、道府県（東京都は一九四三年にできます）庁を中心に、在郷軍人会や国防婦人会、青年団など、さまざまな団体に協力を促し、運動を推進していきます。また、政府は十月に設置した企画院を中心に、国家総動員計画という軍需生産を主眼にした経済統制を始めます。なかでも軍需物資の配分を規定した物資動員計画がその中心でした。

その運動推進のために作られたパンフレットで建国神話が使われます。十一月に政府が刊行した『国民精神総動員資料第四輯　日本精神の発揚　八紘一宇の精神』です(3)。

同書はまず、「抑々《そもそも》我が国は他の外国とその根基・成立・精神・歴史等を本質的に異にし」、「北畠親房が「大日本は神国なり」と述べし如く神の国である。今これを我が神代の語事に徴し見んか、神国の面目躍如たるものがある」として、「天壌無窮の神勅」とそれに至る建国神話を示し、神武天皇が即位時に述べたとされる「八紘一宇」とは、「各国家・各民族をして夫々《それぞれ》その処を得、その志を伸さしめ、かくして各国家・各民族は自立自存しつゝも、相倚《よ》り相扶《たす》けて、全体として靄然《あいぜん》たる一家をなし、以て生成発展してやまないといふ意味」で、「他国を領有しようとする侵略的思想とは、霄壌《しょうじょう》の差〔全く異なる〕」といいます。

日中戦争の意義については、以下のように定義します。中国は、「国力を所謂「抗日救国」の一点に集注し、その勢は熱狂的」で、「全く東亜の平和を危くし、延いては東洋全局を混乱に導き、光輝ある東洋の道義的精神を破るものであつて、万象をしてその処を得しめ、その生命を永遠に育ていつくしむ我が「八紘一宇」の精神に戻《もと》る〔反する〕」とし、「我は彼をしてその迷蒙を覚らしめ、且彼の先王聖賢の垂示した仁愛道義の本来に復帰せしめ、以て協和親睦、「アジヤ」の更生に協力せしめる為に、活人の剣を振つて、奮然彼を膺懲《ようちょう》するのやむなきに至つた」のだと。だから、「この非常時局に対する皇国の使命」は、「天地開闢の生成発展の産霊をそのまゝ国家の心とせる「天壌無窮」の道、即ち一切万物を「いつくしみ育て」且永遠に之を「知らし」て一物一仏と雖も棄つることなく、その処を得、その志を遂げしめる「八紘一宇」大精神」の実現だと主張します。

そして、「古より我が国は「神ながら言挙げせぬ国」」という宣長の名文句を用いながら、日本人の国民性は、「只管《ひたすら》神命のままに随順」する、つまり天皇の命令に無条件に従うものだという前提から、まず、「堅忍持久の精神の涵養」を国民に呼びかけます。具体的には、それは、「戦局が如何に拡大し、戦時が如何に延長するとも、皇神の加護ある皇軍の大捷《たいしょう》は必定であるとの牢固なる信念を堅持し、又流言蜚語《ひご》に迷ふことなく、国家の機密を守り、防空訓練を怠らず、常に対敵心構への訓練をなすこと」なのだそうです。

次に「困苦欠乏に耐ふる心身の鍛錬」を呼びかけます。「奢侈を戒め冗費を除き、勤倹力行の風を弘めて、国家経済力の基を深く培」うためだそうです。そして最後に、「小我を超えて大我に生きるの精神を体現する」ことを国民に求めます。最後に、「「八紘一宇」の日本精神」を「日常生活の上に具現」することを求め、傷病兵への援助（「恤兵《じゅっぺい》」）、軍事費のための献金（「国防献金」）、出征者の家族への援助、「資源の愛護」（物を無駄遣いするなということでしょう）を呼び掛け、「「八紘一宇」の御旗の下に蹶起《けっき》せよ！」と結んでいます。政府は、国民が政府に協力するのは当然であるという理由を説明するために、建国神話を活用したのです。

翌一九三八年二月、日中戦争勃発後最初の建国祭の趣旨説明も、こうした政府の方針の影響を強く受けます。(4) この年の建国祭の責任者香坂康昌（彼も内務官僚出身です）は、「申すまでもなく、我が建国精神は、天孫降臨の際に於ける、天壌無窮の神勅の御精神、三種の神器に表象せられる明浄直の御精神、皇祖が橿原の皇居の経始に当り下し給へる養正の詔勅の御精神で」、「仁慈と正義とは我が建国精神の根幹であつて、これが宣布に当り万止むを得ざるときは破邪降魔の神剣をも揮はねばならぬ」と、建国神話を事実とみなす言い方で、建国神話から日中戦争を正当化します。そして、「本年は一層雄大にして厳粛なる建国祭を挙行し」、「皇軍将兵の武運長久を神前に祈願し、且つ一億同朋が不正不義を排撃せんが為には一致団結して、断乎として邁進するの決意を神明に誓ひたい」と主張しました。

第一回の時の永田秀次郎の説明とはすっかり変わり、ほとんど政府の公式見解の丸写しです。建国祭の性格が戦時の国民動員の手段の一つに変わってしまったことがわかります。もっとも、永田自体、一九二〇年代末から、共産主義の浸透を防ぐ立場から政治に対する姿勢が強硬化し、以前のような柔軟な見解を述べることはなくなっていました。[5] なお、この年の建国祭の参加者は一〇〇〇万人を超えたと考えられます。[6]

万博はどうなったか？

政府はこのようにあらゆる手段を使って国民を戦争に動員しようとし始めていましたが、では例の万博はどうなったのでしょうか。一九三七年の年末から三八年の二月にかけての万博協会の雑誌を見てみましょう。

万博協会会長藤原銀次郎（製紙業の最大手の一つ、王子製紙の経営者）名義による新年の挨拶文[7]では、「本会は偶々《たまたま》その準備時代に於て今次の支那事変に際会し、国を挙げて非常重大の時局に当面した」が、「わが日本民族の目指す処はその終局に於て平和的建設、万邦親善」で、「この万博計画こそ、日本が世界に示すその精神具現化の一」であり、「現下の非常時局突破の原動力たるべき生産力の拡充、殖産工業奨励の観点よりして、その意義いよ〳〵重大」なので、「私共は全国民の支持により声を大にして東洋最初の此の計画を全世界に呼掛け、正義と平和の日本の姿を認識せしむる上に真に遺憾なきを期し度い」と、計画通りの万博開催を強く主張しました。

ついで、協会の幹部が、戦時下でも準備を続ける必要性を次のように主張しました。[8]「万世一系の　皇室の下、終に始、渝《かわ》ることなく国運は日に月に興隆を続けて来たことは人類有史以来東西を通じてその例を見ない」とした上で、すでに万博協会が定めた今回の万博の目的「東西文化の融合」「世界産業の発達」「国際平和の増進」を掲げ、特に「国際平和の増進」について、「日本文化の真髄をなす日本精神が如何に国際平和を希求するかを一層強く世界各国に徹底せしめんとする」ものとし、「世界各国にして例外なく此の日本精神の真髄を体得し其の心を以つて心とするに至らば国際平和は期せずして実現」するのであり、日中戦争は「東洋永遠の平和を確立し延いて世界平和実現の彼岸に達せんことを期する道程上の一事件たるに過ぎない。かゝる事変の直後に於てこそ一層日本の真意を世界各国に徹底せしめ日本精神の真髄を諒解せしめる必要が高まつて来る」と述べました。つまり、一九四〇年までには戦争が日本の勝利に終わって予定通り万博が開催できるという前提で話をしているのです。

なお、この文章ではこの時点での万博の具体的な構想や経済効果が書かれています。会期は一九四〇年の三月十五日から八月三十一日まで、会場は東京の月島埋立地四五万坪と横浜の山下町三万坪、経費は四五〇〇万円で、東京市や横浜市の土木事業費や内外各企業からの出品額なども合計すれば投資額は約一億円に達すると試算しています。

そして経済効果については、博覧会による外貨収入を二億一〇〇〇万円と試算し、これは一「我国の特殊重要産業たる生糸の輸出の半額に当」たるなどとした上、しかも「博覧会による受取超過額はその大部分が観光費」だが、観光事業の利益率は輸出貿易の利益率よりはるかに高いとして、「利益率を輸出貿易による場合の二倍と見て之を逆算する時は博覧会による受取超過額は約四億二〇〇〇万円の輸出貿易に匹敵する」と、経済効果の高さを強調しました。そして、宝くじ付前売り入場券についても、当籤の確率は勧業債券よりはるかに高いとして「一家に一冊」の購入を呼びかけました。

そして、二月二十一日、藤原会長が協力を呼びかけるため東京市議会議員を招待した宴会の席で、藤原会長は、一九三三年から三四年にかけて開催されたシカゴ万博を引き合いに、鉄道省観光局は万博の外国人観覧客は一〇万人と試算し、日中戦争で半減するとして五万人、それが主に東京で二〇〇〇円ずつ消費するとして約一億円、国内からの観覧客は一五〇〇万人とし、最小限一人一〇円消費するとして一億五〇〇〇万円、合計三億五五〇〇万円という「大金が、主として東京市に落ちることになれば、市の経済上に余程の変化を来し」、シカゴ万博後のシカゴ市のように財政が好転すると主張しました。ただし、シカゴ万博は娯楽施設が充実しており、今度の万博は「紀元二千六百年祝典紀念といふ、厳粛な意義」があるので「幾らか固く」なるが、「博覧会である以上は、若干の娯楽的設備や余興の催物も」「度を超えない程度にやることは差支ない」と述べて集客上の心配を打ち消しました。

これに対し、松永東市議会議長は、「我々東京市民に採りまして、誠に有難い金儲けの出来る御話を承はり、特に万国博覧会は東京市の赤字財政を克服する事業であるとのことにて、私共は何とも云ひ知れぬ喜びで御座います」と、強い期待感を示しました。(9) そして三月十日から二十四日まで、万博の前売入場券の最初の発売が行われました。宝くじ付でしかも一等の当籤金が二〇〇〇円（だいたい現在の六〇〇万円）と、当時としては高額だったことや、軍需産業の好況による

好景気（軍需景気）の影響で一〇〇万枚は完売、五月には抽籤が行われ、一〇人が一等当籤金二〇〇〇円を手にしました。(10)

変質する紀元二千六百年奉祝

しかし、一九三八年一月十六日に政府が出した「爾後《じご》国民政府を対手《あいて》とせず」という声明をきっかけに、戦争は長期戦の様相を呈し、三月に国家総動員法が制定され、四月に施行されました。七月十五日、政府はオリンピックや万博の会場建設に必要な資材は配分できないということで、オリンピックの返上（他の会場での開催を許容する）、万博の延期（すでに入場券の前売が始まっていたため）を決定しました。(11) 紀元二千六百年を記念する一大イベントでたくさんの外国人観光客を呼んで外貨収入を増やし、都市改造にもつなげるという、いわば高度経済成長の夢はここに潰えたのです。

一九三九年三月に政府に設置されたばかりの国民精神総動員委員会が四月七日に決定し、四月十一日に閣議決定された「国民精神総動員運動新展開の基本方針」では、末尾に「来るべき紀元二千六百年を期とし〔ママ〕、今後一年間に実現すべき具体目標を掲げて之に全力を注ぐべき」とあり、紀元二千六百年奉祝というイベントを再び国民精神総動員運動に活用しようという意図が明らかにされています。(12)

さらに、一九三九年十二月七日の国民精神総動員委員会で決定され、十二月十二日に閣議決定された一九四〇年の運動方針でも、「光輝ある紀元二千六百年に相当する」ので「愈々強力日本体勢〔ママ〕の強化を図り、東亜新秩序の建設を推進する為」「肇国の大理想と光輝ある国史に基き、東亜新秩序建設の世界史的意義を強調して、益々勇往邁進の気迫を高めること」などとされ[13]、やはり紀元二千六百年を国民精神総動員運動に役立てようとする意図がわかります。

さて、一九三九年十二月、紀元二千六百年奉祝会がNHKと共に公募で「紀元二千六百年」という名前の奉祝国民歌、つまりキャンペーンソングを制定しました。歌詞の公募には一万八〇〇〇人あまりもの応募者がありました[14]。こうした、官製公募キャンペーンソングを作るのは大正天皇の即位の儀式（大礼）を祝う歌（「大礼奉祝唱歌[15]」）あたりが最初と思われますが、満洲事変以後に増え始め、日中戦争勃発から半年ほどたったころに、新設まもない内閣情報部が公募した「愛国行進曲」が最初のヒット作でした[16]。

「紀元二千六百年」は、軽快な行進曲調の流行歌風の曲です。もちろん歌詞には建国神話関係の字句が織り込まれており、歌詞の一番「金鵄《きんし》輝く日本の　栄《はえ》ある光身にうけて　いまこそ祝へこの朝《あした》　紀元は二千六百年　あゝ一億の胸はなる」の「金鵄」（神武天皇東征時の逸話に出てくる想像上の鳥）と、二番「歓喜あふるゝこの土を　しつかとわれら踏みしめて　はるかに仰ぐ大御言　紀元は二千六百年　あゝ肇国の空青し」の「大御言」（恐らく「天壌無窮の神勅」のこと）と「肇国」（建国の意）です。

なお、最後の五番は、「正義凜たる旗の下《もと》　明朗アジヤうち建てん　力と意気を示せ今　紀元

は二千六百年　あゝ弥栄《いやさか》の日は上る」[17]と、日中戦争を正当化し、この戦争への国民の協力を呼びかける内容となっています。つまり、この楽曲公募は、紀元二千六百年奉祝イベントの宣伝だけでなく、国民精神総動員運動を側面支援するためのイベントでもあったことがわかります。この歌は学校で行事の際にしばしば歌われたようで、この時期に小学生だった人々のなかには覚えてしまった人も少なくなかったようです。[18]

そして、一九四〇年の紀元節（二月十一日）、昭和天皇は次のような詔書を発しました。[19]

朕惟フニ神武天皇惟神ノ大道ニ遵ヒ一系無窮ノ宝祚ヲ継ギ万世不易ノ丕基《ひき》ヲ定メ以テ天業ヲ経綸シタマヘリ歴朝相承ケ上仁愛ノ化ヲ以テ下ニ及ボシ下忠厚ノ俗ヲ以テ上ニ奉ジ君民一体以テ朕ガ世ニ逮《およ》ビ茲ニ紀元二千六百年ヲ迎フ

今ヤ非常ノ世局ニ際シ斯ノ紀元ノ佳節ニ当ル爾臣民宜シク思ヲ神武天皇ノ創業ニ馳セ皇図ノ宏遠ニシテ皇謨ノ雄深ナルヲ念ヒ和衷戮力益々国体ノ精華ヲ発揮シ以テ時艱《じかん》ノ克服ヲ致シ以テ国威ノ昂揚ニ勗《つと》メ祖宗ノ神霊ニ対ヘンコトヲ期スベシ

神武天皇が御先祖の神々を敬って一つだけ終わることなく続く皇位を継いで基礎を固め、歴代の天皇はこれを引き継いで人民に仁愛を及ぼし、君民が一体となって現在に及び、建国から二千六百年を迎えた。現在は大変な時期であるが、神武天皇の創業に思いをはせ、難関を克服し、国威を輝かして代々の天皇の霊に報いるようにせよ、というのが大意です。やはり、日中戦争の戦勝に向けての国民動員を正当化するために建国神話が使われていることがわかります。

同じ日に行われた一九四〇年の建国祭、委員長はあの永田秀次郎でした。開催にあたっての永田の挨拶文は「皇紀二千六百年紀元節の佳辰を迎へて、我等億兆臣民の歓喜、正に譬ふべきものなし」、「我等は先づ宏遠なる肇国の昔を偲び、上御一人、下万民の比類なき国体の下に、有史以来二千六百年の久しきに亘り、義は君臣にして、情は猶父子の如き皇恩に浴し来れる事を衷心より感激せざるを得ず」、「今や世界は正に一大転換の時期にあり、我等は茲に八紘一宇の我雄大なる理想を体し、万難の試練に堪え、以て公明なる我建国の精神を中外に発揚せむ事を期す」となっています。[20] やはり、かつての永田の面影はありません。そして、詔書と同時か、少し前に発表されたはずの文章ですが、期せずして詔書とほぼ同内容です。逆に言えば、この戦時下に紀元二千六百年を祝う意味を説明しようとすれば、こういう言い方しか思いつかなかったことがわかります。

建国祭は、過去最多の参加者二〇〇〇万人を超える規模となりましたが[21]、この年の紀元二千六百年関係行事の参加者は、建国祭を除き五〇〇〇万人近い数なので[22]、いつもの年ほどは目立たないものとなりました。

全体として、教室の外での建国神話は、満洲事変や日中戦争の勃発を経て、政治の民主化や経済発展から、対外危機、さらには戦争に対する国民動員の手段に役割が変わっていったことがわかります。

議会政治と建国神話

ただし、この時期でもわずかな例外がありました。政党政治家（途中から政党はなくなってしまうので議会政治家というべきかもしれません）の政党内閣論に間接的ながら論拠を与えたことです。

よく知られているように、一九二四年の護憲三派内閣成立から一九三二年の五・一五事件までは政党内閣の時代です。しかし、さまざまな事情で政党政治は社会から信用を失い、五・一五事件後、立憲政友会と立憲民政党という、政党内閣期に政権を担っていた保守系の主要政党は苦しい立場に追い込まれ、さらに、国家主義的風潮が強まるなかで政党政治、議会政治自体の正統性も疑問視され始めました。そうしたなかで、政治学者米山忠寛氏が提唱するところの「日本独特の立憲政治」と呼ぶべき考え方[23]が、一九三三年ごろから保守政治家の間に現れました。それを最も体系的に継続的に主張したのは、立憲政友会の有力者の一人、前田米蔵です。

前田は、一九三三年に日本の議会は明治天皇が定めた大日本帝国憲法において、天皇と人民が一致して政治が行われるようにするため設けられたので、欧米の輸入品ではないと主張し始めました[24]。そして、政友会が二派に分裂した直後の一九三九年八月、前田が参加した一派（政友会革新派）が機関誌に掲げた党の方針は、「国体の本義に則り、我が国独特の立憲政治を顕揚し、一君万民億兆一心の家族国家体制を充実発展」させることで、「議会政治運行の根幹たる政党」は、

「輿論を代表し、大政翼賛の重責に当るべき天下の公器」なので、「吾党は広く門戸を開放すると共に、進んで社会各層同憂の士と相協力して国策の遂行に努め」るというものでした。[25]「国体の本義」とか「億兆一心」とかの文言が、一九三七年に文部省が刊行した『国体の本義』を意識したものであることは明らかです。

さらに、一九四〇年十月、大政翼賛会の創立とともに前田は同会の議会局長に就任しましたが、就任あいさつで、「議会局運営の根本態度は、畏《かしこ》くも明治天皇から賜つた帝国憲法を奉体し」、「我が国独特の立憲政治、即ち翼賛議会の新体制確立に邁進する」ことで、「苟も議会の権限を縮小したり、議会を無視するが如き事は、帝国憲法の断じて許容する所ではない」と述べました。[26]以上をまとめれば、日本の政党は、欧米のような政党同士の政権争いではなく、政党以外の各政治勢力の連携の中心として意味があるという話になります。[27]つまり、日本の実情に合った形で政党内閣を復活させるべきだという論を組み立てる論拠の一つとして、『国体の本義』が使われているのです。

政党政治の正統性の直接の根拠は、大日本帝国憲法に定められた議会制度であり、実際の言い回しとしては、かつての永田秀次郎や西村真次のように、建国神話が直接に出てくることはありません。しかし、大日本帝国憲法も『国体の本義』も建国神話を大前提とした文書ですから、間接的には建国神話を題材に事実上の民主化を模索していたことになります。もちろん、この議論では、政党が中心とはいっても、議会以外の政治勢力、この時代で言えば軍部や官僚、財界との連立政党、あるいは連立内閣という話になりますし、実際問題としてそれすら実現しなかったのですが、とにかくも戦時下に建国神話が民主化の方向に作用したおそらくは唯一の事例です。

二　社会はどう受け止めたか？

では、こうした政治・経済の動きに対する社会の受け止め方はどうだったのでしょうか。

動員に不熱心な国民

そもそも、政府が一九三九年春や同年末に、国民精神総動員運動を当面の戦争だけでなく紀元二千六百年とも連動させようとした理由は何でしょうか。注目すべきはその理由です。一九四〇年の運動方針には、「都市に於ける国民精神総動員運動の実績は未だ不充分」で、「他の方面に及ぼす影響の甚大なるに顧み特別なる徹底対策を講ずること。尚ほ社会の指導的地位に在る者並に殷賑《いんしん》〔繁盛している〕産業関係者に一段の注意と実践とを促すこと」とあります。(28) つまり、国民精神総動員運動は特に都市部では低調で、「殷賑産業」、つまりは軍需産業の労働者を中心に不熱心な人が多いことが政府の悩みの種となっていたのです。(29) その実例については、私の過去の著作で何度も取り上げてきたのでここでは繰り返しませんが、(30) そうした状況のなかでこの運動に少しでも人々を振り向かせるための理由として、戦争はもちろん、建国神話も動員されたのです。

また、当時の実業家の一人、石原廣一郎は、一九四〇年六月、軍部や政財官界に配布した『国難打開ノ道』というパンフレットのなかで、「時恰《あたか》モ紀元二千六百年ノ歴史的意義深キ年ヲ迎ヘ、国運ノ進展ヲ祝福スベク、特ニ政府ハ両三年前ヨリ多額ノ経費ヲ計上シ記念スベキ今年ノ祝典ニ怠ラザル用意ト準備ヲナシ来リタリト雖モ、一億国民ハ等シク政府ヤ役所ノ奨メノ為、形ノミノ御祝ヲナスト雖モ、腹ノ底カラ御祝ヒスル気分ガ起リ得ザルハ、事態ノ容易ナラザルヲ意識セルモノ[31]」と、国民が政府の動員に必ずしも自発的に協力しているとはいえないと指摘しています。

紀元二千六百年奉祝会（毎日新聞社提供）

こうしたなか、十一月十日の政府による紀元二千六百年奉祝式典、十一月十一日の紀元二千六百年奉祝会による奉祝会（祝宴）が行われました。宮城外苑（現在の皇居外苑）に屋外の式場が設けられ、政府が各界、日本各地（植民地や海外の日系人社会を含む）から約五万人を集め、天皇・皇后臨席で行事が行われました。その他、十日や十一日には全国各地や植民地、海外の日本人社会でも式典や祝賀行事が行われました。

余談ですが、天皇・皇后の席を設ける場所として会場の皇居寄り中央に建てられた神社風の式殿は、翌四一年に現在の東京都小金井市に移築され、戦後直後に皇太子（現在の上皇）の住居兼学校として用いられたりしたあと、現在は内装を変えた上で江戸東京たてもの園のビジターセンターとして使われており、皆さんも入ることができます。

奉祝の実態

こうしたなかで、東京の人々の過ごし方がうかがえるいくつかの史料があります。一つは『都新聞』（『東京新聞』の前身の一つ）の一九四〇年十一月八日付朝刊九面の記事「曠古《こうこ》の祝典あと二日　豪勢、料亭客止め　肝心の奉祝宴まで　恨みの〝予約景気〟」です。

記事は、「曠古の式典もいよいよ明後日に迫つて帝都は早くも奉祝色の最高潮、百年に一度の国家的式典に奉祝酒、奉祝行列と久方振りのお祭気分を許された帝都市民には全く嬉しい」であろうが、「事変下新体制の秋ともあれば当局の注意にまつ迄もなくハメを外さぬ様、戦ふ国民の覚悟をガッチリ腹の底に叩き込んで扨《さて》その上での奉祝だ」となにやらお説教調ではじまります。そして、「そこで果して奉祝便乗行き過ぎはないか、遺憾ながらこれはその一つ奉祝に名をかる帝都の宴会洪水」と続きます。以下、おもしろいのでぜひお読みください。

昼酒も少々はよろしと大政翼賛会国民指導部が一言発表したとたんに市内の料理屋、飲み屋、宴会場にお約束が殺到した、大なり小なりの飲食店のこの十日前後の状況を打診して見ると寸刻を余さずお約束のスケヂユールで今月一杯はおろか来月中旬ころまでは満員お断りの盛況だ、それも良いとして、きのふ、けふ晴れの式典参列者を中心とする〝郷党の集ひ〟の申込みが続々とあるが此方は殆ど全部シヤツトアウトと云ふのが現状、何しろ今回の参列者、全国から選ばれた五万有余は何れもその地方、地方の指導者で中には十年ぶり、廿《にじゅう》年ぶりに上京した郷党の先輩も多数にあり、これら感激の参列者を中心に新しい世紀を迎へる国民の覚悟を語る集ひこそ心からなる奉祝の宴であるわけ、その肝腎の宴会はピツシヤリと締出して七百万市民は酒を飲んで何を語る、上京が遅いと釈明する前にここいらにも一つ新体制はないものか？

某料理店の話　何しろ大へんなお客様です、開店から午後十一時の閉店時刻までお約束でギッシリです、それも来月中頃まではお断りです、二、三日前から式典に参列される方を中心にしたお集まりのお申込みが沢山あるのですが、先約があるので殆どお断りするより致し方ありません、特別の宴だからと云はれますが何とも出来ず全くお気の毒ですが〔後略〕

国民精神総動員運動で昼酒がやりにくくなっていたところ、お祝いということで特別に許され、背徳の喜びに浸る飲ん兵衛たちの楽しそうな顔が思い浮かぶではありませんか。「肝腎の宴会はピツシヤリと締出して七百万市民は酒を飲んで何を語る」とあるように、ふだんの仲間同士で酔っぱらってしまえば建国神話も何もあったものではありません。

映画館の状況

もう一つは同じ時期の映画興行の様子です。この時代、映画は読書とともに最大の娯楽の一つで、特に若者には絶大な人気がありました(32)。しかし、一九三九年に制定された映画法が一九四〇年一月から施行され、さらに七月七日付で、映画統制を管轄する内務省が、娯楽映画の表現を制限したり、映画製作や興行に一定の制約をかけることを表明、九月からは映画館の平日午前の興行が禁止となりました。ついでにいえば、この七月七日には商工省（現在の経済産業省の前身の一つ）も貴金属や振り袖など、ぜいたく品の製造販売を禁止する「七・七禁令」を出します(33)。

そういうなかで、警視庁は、十一月一ヵ月間に限り、昼酒の許可とともに、映画館の午前興行を許可しました(34)。

では、式典前後の興行の様子はどうだったでしょうか。『都新聞』の報道は、人々の様子もうかがえる書き方なので、これもぜひご覧に入れたいと思います(35)。なお、当時の映画興行は、映画館は大都市や鉱山・工場地帯に集中しており、映画製作会社（松竹、日活、東宝、その他）別に系列化されており、しかも邦画専門と洋画専門に分かれ、原則として毎週新作が封切られ、好評であれば二週目以降も上映される形になっていた(36)ことを念頭にお読みください。

曠古の盛典を迎へて興行街は賑ひに湧き立つてゐる、何しろ早朝興行は随意、装飾も大概の物は差支なし、その上観客側は奉祝期間中は誰に遠慮のあらう筈もないと云ふので、劇場などは団体見物が殺到してゐる有様だ、全く爆発した奉祝景気である、殊に十日の祝日は折柄日曜日であり且つ天候は満天片雲も見ない快晴と来てゐたので興行街は早朝より人の出足頗《すこぶ》るよく何所もこゝも満員大入りの状態、蓋し半歳ぶりの盛況であつた。

かく何れも良好の成績であるが仔細に見れば自ら上下のあるもの、併し邦画では東宝系が群を抜いてゐゝ成績である、写真は「孫悟空」のお祭り映画、時を見て時に応じた写真を出したわけだが、今週は日劇をはじめ東横、新宿東宝、花月劇場、江東劇場と一遍に同じ番組を出したのは多分余程の自信があつた為だらうが、事実成績もその自信通りで日劇の最上記録は一万円未満に達しており、江東劇場は二千円弱だが東横、東宝新宿はそれ〴〵約四千円以上を稼ぎ取つてゐる、といふいゝ景気である。

その他は概ね続映だが、続映のうちでは「大平原」の松竹洋画が抜きん出て良好の成績である、この写真は邦楽座、武蔵野館、大勝館に同時上映されてゐるが、なかでは邦楽座が最優の成績で平日が平均三千円、日曜日は五千円を突破するといふ成績である。

邦画では「孫悟空」、洋画では「大平原」が特に人気だったようです。その人気ぶりを確かめるため、同じ時期に上映されていた他の作品と比較している史料をみてみましょう。今でも刊行されている映画雑誌『キネマ旬報』によれば、「大平原」は、松竹が輸入、上映した作品ですが、

「成績は圧倒的で本年度松竹洋画系の当り映画たる「ロビンフッドの冒険」「駅馬車」の快記録を更に凌駕するものがあつた。最高は武蔵野館の週計三万円突破」とあります。

「孫悟空」は東宝が製作・上映した作品ですが、同じ記事によれば、ちょうどこの時に上映していた「大日向村」という作品が不評で四日間で打ち切りとなり、「二千六百年奉祝にぶつけた書入れ映画エノケン始め二十スター競演の「孫悟空」は果然企画に狂ひなく大当り、連日早朝八時半開場で満員盛況を呈した」とあります。[37] 邦画他社との比較については、同じ『キネマ旬報』の十一月下旬の京都の興行状況に関する記事[38]が参考になります。「大平原」にもふれています。

東宝系は「孫悟空」で逸早くこの早朝興行を有効に利用して十一日から繰上げ封切を敢行、各社陣容の備はぬ中に鮮かな手際を見せた。続いて松竹座へ「大平原」、邦画は「織田信長」「舞台姿」、それに奉祝記念作品と銘打つた「国姓爺合戦」はや丶遅れて十九日登場〔中略〕「孫悟空」を追撃した邦画が案外意気挙らず、洋画系の「大平原」に喰はれて大衆娯楽映画の代表作品に期待通りの成績が上つたに過ぎなかつた。

人気映画の内容

では、ここに出てくる作品はどのような内容なのでしょうか。「孫悟空」は、中国の有名な説話「西遊記」を自由に翻案し、当時の日本で最も有名な喜劇スターの一人である榎本健一（エノケン）が孫悟空役で主演する、約二時間二〇分にわたる長編ミュージカル喜劇映画です。監督は、「綴方教室」（一九三八年）や「ハワイ・マレー沖海戦」（一九四二年）で有名な山本嘉次郎です。

この映画は著作権が切れて現在ユーチューブで全編を視聴できます。孫悟空たちが移動するのは飛行機（特撮は円谷英二《つぶらやえいじ》）、満洲国の映画会社（満映）のスターで、日本語と歌が上手な中国人女優として当時日本で大人気の李香蘭（実は日本人山口淑子）が一シーンだけですが登場し、当時日本でも上映されていたアニメ映画「ポパイ」やディズニーの当時の最新アニメ映画「白雪姫」（日本公開は戦後）、ドイツの無声映画「メトロポリス」や大正期の浅草オペラのパロディーに、ジャズソングや当時実験放送が行われていたテレビ(39)、東宝舞踊隊のジャズダンスまで登場する賑やかな内容、孫悟空は人殺しをしなくなることで荊の冠がとれるという平和的な設定です。

当時「お祭り映画」といわれたのもうなずけますし、『都新聞』の映画評も、「ハッキリ大人のお伽噺として扱つてゐる、従つて原本の寓意や狙ひはなくなつてゐるが、代つて新しい面白味が出て来た」とし、「芸術的には兎に角として今年の話題たるべき一作で」、「何より大がかりなのがよい」と評しています(40)。つまり、当時の人々は純然たる娯楽映画と受け取っており、映画法制定以後政府が推奨していた、政府の政策を国民に宣伝し、納得させるための「国策映画」ではなかったのです(41)。

なお、「孫悟空」は、東京有楽町にある日本劇場での封切興行のみ、東宝舞踊隊の実演によるレビュー「日向」もセットで上演されました(42)。さきほども出てきた東宝舞踊隊は、もとは東宝ダンシングチームというジャズダンスを踊るグループですが、題名からわかる通り、明らかに天孫降臨を題材にした作品です。しかし、新聞などではまったく話題にならず、また、これを併演しない、東京市内の他の上映館や京都の上映館でも「孫悟空」は大人気だったので、観客の目当てが「孫悟空」だったことは間違いありません。

「大平原」はアメリカパラマウント社の製作、監督は、無声映画時代から活躍し、「十戒」（一九五六年）のような歴史物や「地上最大のショウ」（一九五二年）で有名なセシル・B・デミル、物語は一八六〇年代の北米の大陸横断鉄道の建設物語に三人の男女の恋愛をからめた、いわゆる西部劇で、当時の『キネマ旬報』の封切り前の批評が「大なるスケールのメロドラマで」、「活劇シーンには優れた点が見られる」とし、(43)『都新聞』の批評が、「これは珍しく、今の日本にもあてはまる準国策的な作品」としながらも、「勿論アメリカ流で、恋愛色と最後の目出度《めでた》しがひどく濃厚に押出され」、「或ひはインデイアンの襲撃、或ひは雪の山道に建設列車の転覆といろ〳〵な事件の盛り込み方と、その技術の巧さとは驚くべきもの、いつもながらこの辺でアメリカ映画には圧倒される」と評し、かつ、新聞の広告が国策云々の宣伝文句を一切使っていないことを考える(44)と、これもまた豪華な娯楽作品として受け取られていたことは間違いありません。

これに対し、早々と上映を打ち切って「孫悟空」にスクリーンを譲った「大日向村」(45)は、長野県の貧しい村の住民たちが満洲国に分村農業移民をした実話をもとにした和田伝の小説を前進座が演劇にしたものをさらに映画化した作品で、監督は豊田四郎、舞台と同じく前進座が出演、東京発声という会社が製作し、東宝が配給しました。満洲農業移民を奨励する趣旨の作品で、満洲移住協会、農林省経済更生部、陸軍省、満洲国、南満洲鉄道株式会社など、関係する官公庁や諸機関が協力し、文部省推薦も得た典型的な国策映画です。しかし、「頗る興行性の希薄なものである。東宝系封切館に於ける封切成績は一斉に不振[46]」で、むしろ移民勧誘の手段として利用されるような作品でした。

その他の邦画は、日活の「織田信長」や新興（松竹の子会社）「国姓爺合戦」は歴史物の大作、「舞台姿」は松竹の看板スター田中絹代主演の芸道物（主人公の芸の精進ぶりを描く）ですが、七月の映画統制で製作に手間取ったり、内容がまじめすぎたりして不振でした。[47]

『臣民の道』

さて、戦争が長引くなかで、中国戦線や満洲国、朝鮮半島に計一一五万人もの兵士が出征していました。日中戦争勃発から太平洋戦争開戦までの中国戦線やノモンハン事件などでの犠牲者（戦病死者）は二六万人と見積もられています。軍需景気に沸く一面もありましたが、軍需生産のため生活物資が次第に足りなくなっていき、一九三九年秋に物価統制が始まり、一九四〇年には大都市で一部の必需品の配給が始まりました。こうしたなかで、司法省刑事局によれば、一九四〇年の上半期に経済統制法令違反で送検されたのは六万人近く、送検まで行かずとも警察に摘発された人数はその七倍で、翌年も増加しているので[48]、一九四〇年一年間でのべ八四万人以上が違反行為をとがめられており、警察に見つかってないような可能性も考えればさらに多くなります。この数字をどう見るかは難しいですが、一九四一年度の刑法犯検挙件数は八六万件あまり(49)とほぼ同数ですから、かなりの数といわなければなりません。

政府も不満でした。それがわかるのが、一九四一年春に文部省教学局が編集刊行した『臣民の道』です。これも『国体の本義』と同じように、初版が学校に三万部配布されたほか、一〇万部が市販された(50)小冊子です。

その最初には、「皇国臣民の道は、国体に淵源し、天壌無窮の皇運を扶翼し奉るにある」が、「満洲事変発生し、更に支那事変起こるに及んで、国民精神は次第に昂揚し来たつたが、なほ未だ国民生活の全般に亙つて、国体の本義、皇国臣民としての自覚が徹底してゐるとはいひ難」く、「国体の尊厳を知りながらそれが単なる観念に止まり、生活の実際に具現せられざるものあるは深く憂ふべき」とあり、結論で、「今こそ我等皇国臣民は、よろしく国体の本義に徹し、自我功利の思想を排し、国家奉仕を第一義とする国民道徳を振起し、よく世界の情勢を洞察し、不撓《ふとう》不屈《くっ》、堅忍持久の確固たる決意を持して臣民の道を実践し、以つて光輝ある皇国日本の赫奕《かくえき》たる大義を世界に光被せしめなければならぬ」と述べていることから(51)、政府がまだまだ国民の国家への協力の度合いが足りないと考えていたことがよくわかります。

そのため、『臣民の道』は国家が打開すべき現状が語られ、その国家に自発的に国民が協力する心構えを説くために建国神話が持ち出されるという構成になっています。そのため、ひたすら天皇への忠誠を強調する『国体の本義』より自発的な協力を促す傾向が強くなっています。[52] なお、この本も『国体の本義』と同じく、解説書や参考書が六種出ており、うち一冊は練習問題が多数載っており、明らかに高等教育用の受験参考書です。[53]

このように、日中戦争の時期において、建国神話は国民を戦争に動員し、政府の欲するように国民が動くようになる論拠の一つとして使われました。しかし、その効果は、政府による『臣民の道』の刊行にみられるように、少なくとも政府が望むほどではありませんでした。では太平洋戦争期はどうだったのでしょうか。

なお、日中戦争の処理をめぐる日米対立の結果、一九四一年十二月八日、日本の先制攻撃により太平洋戦争が始まりました。開戦を国民に告げた詔書の末尾には「朕ハ汝有衆ノ忠誠勇武ニ信倚シ祖宗ノ遺業ヲ恢弘《かいこう》シ、速《すみやか》ニ禍根ヲ芟除シテ、東亜永遠ノ平和ヲ確立シ、以テ帝国ノ光栄ヲ保全セムコトヲ期ス」とあり、[54]「祖宗ノ遺業ヲ恢弘シ」と建国神話を前提とした表現がみられることは覚えておきましょう。

注

（1）盧溝橋事件については、秦郁彦『盧溝橋事件の研究』（東京大学出版会、一九九六年）を参照。その前後の動向については、拙著『近衛文麿』（吉川弘文館、二〇一五年）を参照。

(2) 拙著『ポツダム宣言と軍国日本』(吉川弘文館、二〇一二年)八八～八九頁。
(3) 内閣・内務省・文部省編刊『国民精神総動員資料第四輯 日本精神の発揚 八紘一宇の精神』(一九三七年)三～六、一二～一四、一九～二三頁。
(4) 昭和十三年建国祭委員長香坂昌康「非常時時局に際会して益々建国精神の昂揚を期す」(建国祭本部編刊『昭和十三年建国祭記録』一九四〇年)五頁。
(5) 河西秀哉『近代天皇制から象徴天皇制へ――「象徴」への道程』(吉田書店、二〇一八年)九〇～九四頁。
(6) 前掲『昭和十三年建国祭記録』八八頁。
(7) 日本万国博覧会会長藤原銀次郎「新春を迎へて」(『万博』一九三八年一月号)四頁。
(8) 日本万国博覧会事業部管理部長北垣喜次郎「紀元二千六百年記念日本万国博覧会の重要性 特に挙国一致の協力を要望す」(『万博』一九三八年二月号)一一～一五頁。
(9) 「藤原会長の東京市会議員招待」(『万博』一九三八年三月号)一三～一四頁。
(10) 拙著『皇紀・万博・オリンピック――皇室ブランドと経済発展』(中公新書、一九九八年)一三九～一四一頁。
(11) 同右、一四五～一四七頁。
(12) 国民精神総動員委員会「国民精神総動員新展開の基本方針」(アジア歴史資料センター、レファレンスコード A15060252700)。閣議決定の日付は、『読売新聞』一九三九年四月十二日付第二夕刊(十一日発行)一面「精動方針決定 けふの定例閣議で」による。
(13) 内閣書記官長遠藤柳作「昭和十五年ニ於ケル国民精神総動員運動実施方針ニ関スル件内閣書記官長通牒」(アジア歴史資料センター、レファレンスコード A06050811100)、閣議決定の日付は、「精動改組論台頭す 各閣僚 政党と連携」(『東京朝日新聞』一九三九年十二月十三日付夕刊〔十二日発行〕)

一面による。
(14) 前掲『皇紀・万博・オリンピック』一六九〜一七〇頁。
(15) 拙著『大正天皇』(吉川弘文館、二〇〇七年) 一六四〜一六五頁。
(16) 拙稿「京極高鋭の思想と行動――昭和戦中期の政治と音楽」(『軍事史学』第四四巻第二号、二〇〇八年) 第二章。
(17) 紀元二千六百年奉祝会編刊『天業奉頌――紀元二千六百年祝典要録』(一九四三年) 二二九〜二三一頁。
(18) 前掲『皇紀・万博・オリンピック』一七〇頁。
(19)「詔書」(『官報』一九四〇年二月十一日、一頁)。同書は政府の公式記録である。
(20) 紀元二千六百年建国祭委員長永田秀次郎「紀元二千六百年の建国祭を迎へて」(建国祭本部編刊『紀元二千六百年建国祭記録』一九四〇年) 一〇頁。
(21) 前掲『紀元二千六百年建国祭記録』一四〇頁。
(22) 前掲『皇紀・万博・オリンピック』一七四頁。
(23) 米山忠寛『昭和立憲制の再建　一九三二〜一九四五年』(千倉書房、二〇一五年) 一七五頁。
(24) 拙稿「日中戦争期の前田米蔵――前田の憲政論を中心に」(『史学雑誌』第一二八編第六号、二〇一九年) 五頁。
(25)「立憲政友会の主義政策政綱」(『政友』四六五号、一九三九年八月一日付) 一一〜一二頁。
(26)「議会局の充実へ　衆議院関係初顔合せで　前田局長挨拶」(『東京朝日新聞』一九四〇年十月二十日付夕刊〔十九日発行〕) 一面)。
(27) 前掲「日中戦争期の前田米蔵」二七頁。
(28) 前掲「昭和十五年ニ於ケル国民精神総動員運動実施方針ニ関スル件内閣書記官長通牒」。

(29) これについては、『東京朝日新聞』一九三九年十二月八日付朝刊一一面「芳しからぬ成績に　精動〝来年の覚悟〟きのふ総会で決る」の記事に、ある委員の発言として「殷賑産業の青少年に見られる享楽生活を国家将来のため根絶したい」とある。
(30) 前掲『皇紀・万博・オリンピック』一四〇頁、拙著『戦時下の日本映画——人々は国策映画を観たか』（吉川弘文館、二〇〇三年）一一六～一一九頁、同『ポツダム宣言と軍国日本』（同、二〇一二年）一二五～一二七頁。
(31) 石原廣一郎『国難打開ノ道』昭和十五年六月（赤澤史朗・粟屋憲太郎・立命館百年史編纂室編『石原廣一郎関係文書』芙蓉書房出版、一九九四年）一七九頁。
(32) 前掲『戦時下の日本映画』一九～二三頁。
(33) 前掲『戦時下の日本映画』一一四、一三三～一三四頁。
(34) 「興行時報」（『キネマ旬報』七三三号、一九四〇年十一月十一日付）五三頁。
(35) 「興行界　爆発した奉祝景気　週間興行成績」（『都新聞』同年十一月十三日付朝刊）八面。
(36) 前掲『戦時下の日本映画』第一章。
(37) 「興行」（『キネマ旬報』七三四号、一九四〇年十一月二十一日付）六一～六二頁。
(38) 「興行」（同右七三五号、同年十二月一日付、終刊号）一七一頁。
(39) 詳細は、飯田豊『テレビが見世物だったころ——初期テレビジョンの考古学』（青弓社、二〇一六年）、森田創『紀元2600年のテレビドラマ——ブラウン管が映した時代の交差点』（講談社、二〇一六年）を参照。
(40) 「映評〝孫悟空〟面白い大人のお伽噺映画」（『都新聞』一九四〇年十一月八日付朝刊六面）。
(41) 前掲『戦時下の日本映画』一四八頁。なお、秦剛「東宝スペクタクル映画『孫悟空』に見る戦時色」（大塚英志編『動員のメディアミックス——〈創作する大衆〉の戦時下・戦後』思文閣出版、二〇一七年）は、古川のこうした見解に対し、一九五九年に山本嘉次郎が再度製作した「孫悟空」との比較により、「孫悟空を「一番強い」戦士に描いたエノケンの『孫悟空』に対する批判的な相対化さえ読み取れる。そこには、戦時下の映画作りに対する山本嘉次郎と円谷英二の自己反省も反映されているように思われる」（七九頁）としているが、単に両作品を見くらべただけの印象批評にとどまっているように思われる。

(42)『朝日新聞』一九四〇年十一月五日付夕刊（四日発行）二面掲載の広告。

(43) 清水千代太「外国映画批評　大平原」（『キネマ旬報』七三二号、一九四〇年十一月一日付）五〇頁。

(44)『朝日新聞』『読売新聞』にそれぞれ上映前、上映中に数回掲載された広告を参照。

(45) 以下、この映画については、前掲『戦時下の日本映画』一四九〜一五〇頁。

(46)「興行時報」（『キネマ旬報』七三四号、一九四〇年十一月二十一日付）六二頁。

(47) 前掲『戦時下の日本映画』一四八〜一四九頁、当時の各作品の新聞広告。

(48)「最近における経済犯罪」（司法省刑事局長池田克氏説明要旨）（古川隆久編・解説『戦時下政治行政活動史料一九四一―一九四五』第三冊、不二出版、二〇一五年）三三二頁。この史料は翼賛政治会資料部一九四三年十二月に作成した。

(49) 統計局ホームページ「総合統計書のご案内」第二八章「司法・警察」「28―1　刑法犯の罪名別認知及び検挙件数（大正十三年〜平成十六年）」(http://www.stat.go.jo/data/chouki/28.html、二〇一九年八月二六日閲覧)。

(50)「文部省編纂「臣民の道」完成す　近日中に全国各学校へ配布」（『朝日新聞』一九四一年七月二十三日付朝刊一面）。なお、新聞記事では七月に初版が刊行されたようにみえるが、実際には三月に初版が刊行されている。しかし七月発行の版は同一の内容であるにもかかわらず奥付には二刷等の表示がない。国立国会図書館デジタルライブラリーとCiNiiで検索したところ（二〇一九年八月二十七日閲覧）、少なくとも同年九月（発行者は別名義）と一九四二年一月にも増刷されていることがわかる。
(51)教学局『臣民の道』（内閣印刷局、一九四一年）一～二、九一～九二頁。
(52)昆野伸幸「近代日本の国体論——教育勅語・『国体の本義』・平泉澄」（『近代』一〇六号、二〇一二年）四二頁。
(53)国立国会図書館デジタルコレクションでの検索結果（二〇一九年八月二十六日）。
(54)「米英両国ニ対スル宣戦ノ詔書」（『官報』号外、一九四一年十二月八日、一頁）。

第六講　「事実」化の破綻——敗戦とその後

一　国史教育のその後

ここまで葛藤を抱えながら続いてきた建国神話をめぐる教室外と教室内の状況ですが、太平洋戦争、そして本土空襲に原爆投下など、一方的な敗戦という究極の事態を迎えてどうなったのでしょうか。

国民学校の国史授業

尋常小学校ですが、一九四一（昭和十六）年四月から義務教育年限延長のために国民学校と名を変え、教科の編成や内容も変わり、高等小学校も義務制となりました。この時期の国史教科書の変遷の実態はすでにわかっていますが、[1]教室の様子についてはあまり史料がありません。しかし、話の都合上、わかる範囲で確認しておきましょう。

一九四〇年度から国定第五期の国史教科書の使用が開始されました。最大の変化は、教科書の巻頭に、「天壌無窮の神勅」の読み下し全文が掲載されたことです。[2]この「神勅」が日本史学習の大前提だという、すでにしばしば言われてきたことが、明確な形で示されたわけです。そしてまもなく、国民学校制度が始まります。これは、大正期以来課題となっていた義務教育の年限延長が戦時下で実現したということになります。[3]尋常小学校は国民学校初等科に呼び方が変わりました。

国民学校の目的は、教育勅語をふまえて「皇国ノ道ヲ修練セシメ特ニ国体ニ対スル信念ヲ深カラシム」こととされました。国史は国民科という科目のなかに入れられました。国民科には、修身、国語、国史、地理が含まれ、「特ニ国体ノ精華ヲ明ニシテ国民精神ヲ涵養シ皇国ノ使命ヲ自覚セシムル」ことが目的とされ、国史は「我ガ国ノ歴史ニ付テ其ノ大要ヲ会得セシメ皇国ノ歴史的使命ヲ自覚セシムル」こと、具体的には「肇国ノ宏遠、皇統ノ無窮、歴代天皇ノ鴻業、忠良賢哲ノ事蹟、挙国奉公ノ史実等ニ即シテ皇国発展ノ跡ヲ知ラシム」ことが目的とされました。[4]つまりは天皇の歴史を教授せよということです。

教科書は、とりあえずは尋常小学校国定教科書第五期がそのまま使われました。国民学校になってからの新しい教科書は、太平洋戦争が始まったあとの一九四三年春から使われ始めました。[5]

巻頭に「天壌無窮の神勅」が掲げられていることは第五期と同じですが、建国神話を扱う冒頭の章は、「神国」と名付けられました。神勅までの部分は、以下のように大幅に変わりました。最初の一文は、「大内山の松のみどりは、大御代の御栄へをことほぎ、五十鈴《いすず》川の清らかな流れは、日本の古い姿をそのままに伝へてゐます」となっています。「大内山」とは皇居のこと、五十鈴川は伊勢神宮の脇を流れる川です。皇居と伊勢神宮の様子が導入になっていることは、この科目の目的を端的に示しています。

もちろん、この新しい教科書の使用開始に向けた教師用の指導書も作られました。いずれも師範学校附属の国民学校の教師たちが編纂したものです。建国神話に関していえば、やはり「疑念を有《も》たせてならぬ」とあり、(6)巻頭の「神勅」については、「国史は神勅精神の顕現」という理由で、国史の授業の冒頭で、教師と児童で「道に帰一せんとする誠の心を以て」音読すべきだとされています。(7)

「先生そんなのうそだっぺ」

この時期の教室の様子については、筆者が見た限りでは、様子を生き生きと伝えるような文章を、当時のものでものちの回想でも見つけることはできませんでした。国会図書館や私の勤務先の大学図書館では見つけられないような個人の回想録などに何か書いてある可能性は否定できませんが、捜したなかでほとんど唯一の例は、

T氏は昭和十八年五月頃、茨城県東茨城郡河和田村立国民学校（農村地帯）で、国史の時間に、国史の掛図の「天孫降臨」をみて「先生そんなのうそだっぺ」と問うと、二、三の級友も同調した。すると教師（茨城師範学校出身廿五歳位）は大変いかり、ただちに教員室に生徒をよびよせて、「貴様は足利尊氏か、とんでもない奴だ」と呶鳴《どな》り校長以下多くの先生方の前で、木刀で頭部を強打した。(8)

というものです。

当事者の名前は仮名にしてありますが、地域名の記載などの具体性から事実とみなすことができます。教員室で衆人環視での体罰など今ではありえませんし、非難する言葉が「足利尊氏か」とは。北朝を作った張本人だから、天皇中心の歴史観からは反逆者だということなのでしょう。

この証言を記録した教育学者唐沢富太郎は、「「肇国の大精神」を宣明するというこの期の超国家主義的な教説は、当然、無心な児童にも釈然として受け入れられなかつた。しかし、必然的に湧き上がって来る神懸り的な教説への疑問も、それを公然と口にすることはタブーとされていた。次に学校に於いてこうした疑問をめぐっても、教師の処置と児童の釈然としない気持を述べた」回想の一つと意義づけています。

こういう疑問を体罰で押さえつけるような事件が起きることからは、建国神話を歴史として教えることの理不尽さを痛感せざるをえません。

二　効き目はあったか？

こうした学校教育や、思想統制、政府の宣伝などはどの程度の効き目があったのでしょうか。いくつかの実例と、学問業績から考えてみましょう。

建国神話を否定して捕まる人びと

昭和戦時期の不敬（天皇を貶める）言説を集めた本[9]を読んでいましたら、太平洋戦争期の庶民の建国神話に関する不敬発言の事例がいくつか載っていました。たとえば、一九四二年一月ごろ、宮崎県のある材木商が、下請けの人たちに対し、「天照大神に対する種々な臆説」について、「常識から考へても三千年の昔の事が我々に解ける筈もなく証拠もないのに神代なるものを強調する歴史家程無責任極まるものはない」と発言して警察から「厳戒」処分を受けました。さらに、一九四二年六月から翌年にかけて、兵庫県の製鉄所の徴用工たちが宿舎で、「日本の皇室は万世一系と云ふが皇祖天照大神は女の神様で婿さんがあったと云ふことは明でない。婿さんのなかつた人から子供が生れる筈がない。故に今の天皇が天照大神を皇祖とした万世一系等と云ふのは嘘だ」などと「不敬言辞を洩らしたる事実を探知し」、一九四三年六月に検挙されています。[10]

前者は話を聞いた誰かが通報したのでしょうし、後者は「探知し」とあるので、話し合っていたグループではなく、隣室か何かで話を漏れ聞いた人が通報した可能性が高いです。その他、その本には、匿名の投書やビラ、地域の指導者に相当するような人々が神話の真実性を否定したり疑問を呈したことが通報されて検挙された例が他にもいくつか載っています(11)。もちろん、通報した人は、そうした発言は社会的にタブーであることを知っているからこそ通報したことになります。また、いずれも、親しい関係であればこうしたやりとりが十分ありえたことを暗示しています。そして、これらの事例からは、やはり建国神話が常識的にみておかしな内容であること、しかし、それを公言してはいけないことを多くの人が知っていたことがわかります。

軍国主義にはあきらめムード

敗戦までの日本には徴兵制の軍隊がありました。男性が二十歳になると徴兵検査という一種の健康診断を受け、軍隊が定めた基準（病歴、身長など）を満たした人のなかからくじ引きで必要人数を徴兵し、二年間の訓練後一般社会に戻るのが平時の徴兵制軍隊です。民俗学者喜多村理子氏による徴兵経験者への聞き取り調査は、一般国民の国家への考え方を知る手掛かりになります。一九二六年に徴兵検査を受けたある人の場合、徴兵を逃れたくなかったかという問いに対し、「国の政策でやることとですだーけに、反対はしませせだった〔中略〕いやだと言ったたって何と言ったって、なんだ政府は受け付けてくれませんだけに、もう当たり前と思って〔中略〕徴兵検査て、もう仕方ありません」と回想しています[12]。

この人は年齢的に見て天皇中心の歴史が強調される第三期国定国史教科書以前の時期に国史教育を受けた人ですが、仕方がないというあきらめムードが印象的です。これはあながち回想であるがゆえの思い違いとは言えません。信濃毎日新聞社主筆の桐生悠々（一八七三〜一九四一）は、一九三三年八月に防空演習の無意味さを論じた社説「関東防空大演習を嗤《わら》ふ」を書いて陸軍や在郷軍人会の反発を招き、主筆辞任を余儀なくされ、以後は死の直前まで個人雑誌『他山の石』で国家主義・軍国主義を批判し続けたジャーナリストです。その桐生は、日中戦争が長期化し始めた一九三八年五月、『他山の石』に掲載した「国民の立憲的訓練」で、次のように日本国民について論じています[13]。わかりやすい文章ですからぜひお読みください。

我憲政は、議会は、政党は、選挙は何が故にかくも下落したか。曰く、全体としての国民がなっていないからである。全体としての国民が立憲的思想に目ざめないからである。〔中略〕たとい、この思想に目ざめ、この彼岸に進航しようとしても、この思想を実行し、この船を離礁せしむるの技術を知らないからである。〔中略〕知らないのも道理、学校は其理論を教えても、如何にしてこれを実践すべきかを教えない。たといこれを教えても、これに訓練せしめない。かくして漫然として、これに投票を強う。間違わなければ、奇蹟である。〔中略〕要するに、立憲的訓練に関する限り、成人は到底ダメだ。先ず児童から教え込まなければならない。

教え込むとは、単に教えるだけではなくて、訓練するの謂《いい》である。だが、今日の小学校では、立憲的思想、自治的思想は寸毫《すんごう》も教えられていない。〔中略〕先ず学校に立憲国制、または自治制を布き、児童をして平生、選挙に訓練せしむべきである。〔中略〕「知行一致」これでなければ、知も知ではない。〔中略〕官僚は、支配者でもないのに支配者を気取って、これがために支配者視されずして、却って反抗される可能性を恐れ、児童の社会的教育、政治的教育を有害なりとして排している。

「政治は人任せ」という教育をしてきたことが、政党政治崩壊の原因だというのです。最後の元老として昭和天皇の後見役であった西園寺公望は、秘書原田熊雄に対し、軍部が政治に介入している状況を桐生とほぼ同じ時期に次のように嘆いています。(14) 二度首相を務めた西園寺は、文部大臣の経験もありました。

どうもやつぱり尊氏が跋扈《ばっこ》してゐるんだから、なんといつてもしやうがない。〔中略〕結局右翼がどうのかうの言ふけれども、国民の知識が非常に低いし、国民が低調過ぎる。結局まだ洗練されてをらぬといふか、知識的の向上が足りないといふか、実に困つたもんだ。これまで一体何を教育してゐたか。これも明治以来の教育の方針が悪かつたんだな。

尊氏とはもちろん、さきほども出てきた足利尊氏のことです。文脈上、ここでは軍部や右翼を指していると考えられます。軍部や右翼が政治を左右しても国民が何も言わないのは教育が悪かったと、自分の責任でもあるという言い方です。

こうした認識の正しさは、教育史の研究からも裏付けられます。教育学者松野修氏は、「教育を可能にするための最低限の自由の制約にすぎなかった」学校規則が、「教育の名の下において無制限な自由の剝奪の道具へと変容し」た結果、「諸個人の倫理性の発揮が法を維持し、新たな法を形成するという自然権論のダイナミズムは見失われ、所与の法の遵守だけが倫理性の発揮」となり、しかも「日本における制度文物の効率的な受容は、実定法の権威を高め、社会実在論の需要を容易にした反面、制度文物の正当性を根拠づける理論としての自由主義の受容を困難に陥れた」ため、「社会制度・機構の成立根拠が示されず、その改変手続が客観的に明示されないのであれば、利害調停の根拠は隠されたまま」となるので、「何らかの超越的権威によって裁定が下されねばならない」ため、「天皇制神話とこれを喧伝する修身科を要請」されたと言います[15]。

学術書の文章なので少々言い回しが難しいのですが、要するに、近代日本の学校教育においては、ルールの理由の説明の手間を省くため、天皇という権威を持ち出して説明したことにするという教育方針がとられたというのです。もっと簡単にいえば、天皇が決めたルールだから文句を言わずに従えということです。教育勅語はまさにそういう役割の文書でした。そしてその結果、近代日本においては人々が自主的に議論してルールを決めることは難しくなり、破滅を防げなかったというのです。

経済統制には従わず

しかし、一般庶民は最後まで我慢して国の命令に従っていたのでしょうか。『臣民の道』のところで、太平洋戦争開戦直前ですでに国家としてはその点に不満があったことはふれた通りです。司法省（今の法務省）刑事局長池田克が、一九四三年九月に議会政治家たちに呼ばれて説明したところによれば、経済統制違反は増え続け、毎年上半期の全国の裁判所検事局の受理件数は警察の検挙件数の七分の一で、一九四一年は六万人強、四二年は六万六〇〇〇人弱、四三年は七万七〇〇〇人弱、つまり四三年の検挙者は、七倍×二倍で一〇七万八〇〇〇人となり[16]、四三年の刑法犯検挙件数は七八万八〇〇〇余り[17]なので、それをはるかに超えた数です。池田はこの状態を「慢性的」と表現しています。

そして、「経済違反増加の原因」は「何と言っても物資の需給関係が非常に逼迫をして居ること」で、違反の半数以上は「利欲心」にもとづくもの、一六％は「永年お世話になったお得意様が物資難で非常に困って居るから御恩返しのため」というような「従来の義理人情的な道義観から一歩も出てゐない」事例でした。

さらに、「幽霊申告」といって、町内会や隣組（一九四〇年秋に法制化された、隣近所の世帯を単位とした地域の相互協力組織）で、「家族数とか組員数などを多く虚偽の申告或は二重申告をする。

さうして物資の配給を多く受け、それを自家用にしたり、頼まれたところに横流しをする」という事例も多いという状況でした。(18) それに、最近の研究では、戦時下では贅沢として禁じられていたと思われていた女性のパーマネントが盛んに行われていたこともわかってきました。(19) お国のことより自分のことや義理人情というのが大人の世界の状況でした。

政府に批判的だという理由で時事評論の筆を封じられていたジャーナリスト、外交評論家の清沢《きよさわ》洌《きよし》も、その日記に世相を記録しています。ぜひ原文で味わってみてください。

昨日は駒沢ゴルフ場の閉鎖最終日でバッグをとりに行った。やっている間に、NO9のアイアンを拾われ盗まれた。不愉快なること限りなし。近頃は盗人の世の中である。汽車で据っている間に靴を盗まれた人。電車で鞄を盗まれた人。非常に多し。(一九四三年十月一日)

朝、畠に行くと、ある男が垣の枝を折っている。大喝してやった。日本人のモラールの低下したことは驚くの外はない。(同年十一月一日)

どこでも問題になることは食物だ。腹一杯にならぬというのである〔中略〕柳沢健〔外交官〕君の娘が学校に行くのに、弁当を持たせてやるが、女中がその中から盗んで食うという。いえば出て行かれるし、どうにもならないと。(一九四四年二月十日)

ある人が、僕の家に砂糖一貫目百円だが買わないかといって来た。聞いてみると他では百二十円で買ったそうだ。僕は無論断ったが、これが通り相場だ。公定は三円ぐらいである。約四十倍の値だ。（同年三月十四日）

高柳賢三〔法学者〕君と共に銀座裏の日本食屋に行く。腰掛る場処が、他にあいたのでそこへ移った。二、三分後にフト気がついて、椅子の上に置いた帽子を見るとそれがない。とられたのである。新しい鳥打ち帽子であった。紳士顔した男がとったのである。日本は泥棒国となった。（同年四月十九日）

ラジオでも新聞でも、近時の人心が不親切で不愉快であることを説く。西洋的なものを総べて放逐し、ローマ字を漢字にかえ、悪の根源は全部なくしてしまったはずではないか。それだのにどうして望ましくないことが国内にあるんだろう！（同年五月十日）[20]

太平洋戦争開戦後、すべての食料や衣類、その他の生活物資や酒タバコのような嗜好品を含めてすべて配給制となった結果、人々の心が荒廃しきっていたことがうかがえます[21]。最後の記事からは、『国体の本義』も『臣民の道』の主張もまったく無意味だったことがよくわかります。

残念ながら清沢は一九四五年五月に病死してしまいます。敗戦前後までの世相をうかがえるのは、のちに小説家となる山田風太郎の日記です。山田は当時医学を学ぶ学生でした。彼自身は、敗戦直前に「どうせ負けるなら、なるべく早く手をあげて、ともかくも日本という国を存続させ、そして百年の後を期するという考え方がある」が、「それは甘い。敵はふたたび日本が起てないまでに叩きのめすだろう」から「やっぱり戦った方がよい〔中略〕その誇りは子孫の胸に残る」（一九四五年八月十日）と、戦局不利と認識していても徹底抗戦を選ぶ軍国青年の一人でした。

しかし、その観察眼には鋭いものがあります。山田も、銭湯の「下駄箱というものがぶきみなものになった。とにかくふつうの履物をはいてゆけば、絶対に盗まれる」と、常態化した盗難について書いています。そして銭湯での客の様子について、「十七年はまだ戦争の話が多かった」、「十八年には工場と食物の話が風呂談義の王座を占め」、「十九年は闇の話と、そして末期は空襲の話」、「今ではいくら前の晩に猛烈な空襲があっても」「黙って、ぐったりとみな天井を見ている。疲れ切った顔である」（以上、一九四五年一月七日[22]）。

軍隊も崩壊寸前

軍隊も例外ではありませんでした。一九四五年七月下旬、陸軍省で行われたある会議で報告された国内各地の部隊は、「逐次弛緩　離隊逃亡、違刑ノ六割ニ達ス」、「離隊―食糧不足、原因、戦局ト必勝確信ノ低下」、「特攻隊要員ノ悪質犯罪、半島人ノ徒党離隊」という状況になっていました。「半島人」とは植民地朝鮮出身者への蔑称です。軍隊内の不法行為を取り締まる立場の憲兵隊でさえ、「相当注意ヲ要スル傾向」で、「物欲色欲ニ起因スル犯罪」があり、特に、一般の部隊の中に混在している小部隊は「軍紀ノ対外上不良ナルモノ少カラ」ずで、その原因は、「離隊半島、本島出身者大部（約八割）」でした。「本島出身者」とはおそらく沖縄出身者への蔑称です。さらに、「飲酒ニ因ル将校非行＝下級召集将校　軍民離間事象＝大部ハ軍側ニ非アリ」という状況でした。[23] 敗戦を待たず、軍隊の規律も崩壊し始めていたのです。

結局、国家による、なにがなんでも国家に尽くす国民を作るという目標は失敗したように思われます。しかし、それだけではなかったことも確かです、

軍国主義の強さ

さきほどの徴兵検査に関する聞き取り調査に戻ると、一九四〇年に徴兵検査を受けた人は、徴兵検査の時の気持ちを聞かれて、「わしが知っとる範囲ではねえ、昭和十年ごろまでは〔兵隊に出るのを〕貧乏くじだてぇ〔中略〕正直な話ねぇ、嫌がった」が、「二・二六事件がはじまってねぇ、軍国主義が強くなりまして」と、それまでは嫌がった人が多いと回想しています。実際、日中戦争期に至るまで、徴兵検査前に本人や家族が夜中に近所の寺社に徴兵逃れの祈願をすることが珍しくありませんでした。

この人の話を続けますと、最上級の合格（「甲種合格」）の方が良かったかという問いに対して

は、「名誉だってな感じでしたねぇ。だいたい学校教育からしてねぇ、軍国主義でねぇ、学校教育てのはおそろしいもんで、そげな気持ちになってしまう」、「あのときはねぇ、天皇陛下にご奉公ということといってねぇ、天皇陛下は生き神さんだって奉っておったもんで。あのときはねぇ、学校入るときからそういう教育されていたもんで」と、教育の影響を指摘しています。[24] この人は一九三二年あたり（早生まれという可能性もあるので）に尋常小学校を卒業したことになりますから、まさに第三期以降の国史教科書で勉強した世代です。それでも、一九三五年ごろまでは徴兵忌避感情が強かったというのであれば、その人たちは一九二七年ごろに尋常小学校を卒業した世代ですから、天皇中心の歴史教育の効き目は、社会全体の雰囲気の変化という後押しがあってのことだといえます。

さらに、陸軍は、表向きは最後まで徹底抗戦を叫び続けました。すでに広島、長崎に原子爆弾が投下され、ソ連が満洲に侵攻を開始し、天皇と政府・軍部が降伏に向けて議論を重ねていた最中の八月十一日の新聞（この当時は朝刊しかありません）には「〝死中自ら活〟を信ず　驕敵撃滅へ・陸相全軍へ布告」という見出しとともに、「全軍将兵に告ぐ」として、ソ連の侵攻開始に対し、「断乎神州護持の聖戦を戦ひ抜かんのみ」という「陸軍大臣布告」が掲載されました。[25]

反乱の動き

その翌日早朝、陸軍の作戦立案の責任者である参謀総長（梅津美治郎）と海軍の作戦立案の責任者である軍令部総長（豊田副武）は、昭和天皇に無条件降伏への反対を主張しました。その理由は、降伏を求めたポツダム宣言の意図が、「名実共ニ無条件降伏ヲ要求シ特ニ国体ノ根基タル天皇ノ尊厳ヲ冒瀆シアルハ明」で、これでは「忠誠ナル国民臣子ノ分トシテ寔《まこと》ニ忍ヒ難ク遂ニハ発スルトコロ収拾スヘカラサル事態ヲ惹起シ」、「国家ノ内部的崩壊ヲ来シ遂ニ我国体ノ破滅、皇国ノ滅亡ヲ招来スル」というものでした[26]。梅津は六月九日に昭和天皇に対し、関東軍（満洲国駐屯の陸軍部隊）の戦力低下を報告するなど、もう勝てないことはわかっていました[27]。しかし、無条件降伏は「国体ノ破滅」につながるとして反対しました。建前上、天皇は絶対的な存在であり、その天皇が無条件降伏することは国家存立の大前提の崩壊につながり、国民が不満を爆発させて収拾不可能な事態となり、国家が滅亡するのではないか、それよりはまだ闘い続ける方がまし、というのです。

そこで、八月十四日の御前会議、閣議を経て昭和天皇が承認し、翌十五日のラジオ放送に備えて十四日の夜にレコード盤に録音したいわゆる「終戦の詔書」では、「時運ノ赴ク所堪ヘ難キヲ堪ヘ忍ヒ難キヲ忍ヒ以テ万世ノ為ニ太平ヲ開カムト欲ス」と降伏を明らかにすると、続けて、「朕ハ茲ニ国体ヲ護持シ得テ忠良ナル爾臣民ノ赤誠ニ信倚シ常ニ爾臣民ト共ニ在リ[28]」と、それでも「国体」は守られたと宣言せざるをえなかったのです。

しかし、八月十三日、こうした流れを察知した参謀本部や陸軍省の若手エリート将校の一部は降伏阻止のクーデターを計画します。「今ヤ吾人ハ、御聖断ト国体護持ノ関係ニ付、深刻ナル問題ニ逢着セリ」、つまり、彼らは、やはり昭和天皇は天皇としてやってはいけない無条件降伏に踏み切ろうとしているとみたのです。そこで、「オ上ヲ擁シ聖慮ノ変更ヲ待ツ」とし、「此ノ間国政ハ戒厳ニ依リテ運営セム」[29]、つまり、天皇を監禁して無条件降伏を止めさせるため、軍事クーデターを起こそうとしたのです。

しかし、結局、本心はもはや無理と悟っていた陸軍首脳の支持を得られず、若手将校たちは八月十四日深夜、偽の命令を出して軍隊を動かし、皇居に侵入して、翌日の放送に使う、昭和天皇が終戦を宣言するラジオ放送用の録音盤（レコード）を奪おうとしますが失敗します。「日本のいちばん長い日」というタイトルの半藤一利氏原作のノンフィクションや映画で有名になった話です。

海軍でも同じような例がありました。いわゆる厚木航空隊反乱事件です。隊長小園安名大佐率いる海軍の第三〇二航空隊が終戦の命令に従わなかった事件です。小園はベテランの戦闘機搭乗員で、海軍首脳部の戦争指導を不十分と考え、不満を募らせていたようです[30]。そこへ、無条件降伏するとの情報をつかみ、終戦阻止のため行動を開始します。小園は海軍首脳部に終戦反対を説き、停戦命令にも従わず、徹底抗戦を呼びかけるビラを部隊の戦闘機で関東一円にばらまきました。

その内容は、「重臣閣僚」たちが、「上聖明ヲ覆イ奉リ下国民ヲ欺瞞愚弄シ」、つまり天皇や国民をだまし、終戦の詔勅を出させたことはあまりに畏れ多い。「天皇ハ絶対ノ御方ナリ　絶対ニ

降伏ナシ　天皇ノ軍人ニハ降伏ナシ」、つまり天皇には降伏はありえないので軍人にもない。「外国ノ軍隊ノ神州ニ進駐シ」、「神州」とは「神の国」ということですから日本のことですね。「ポツダム宣言ヲ履行スルトキハ　戦争継続スルヨリ何百何十倍ノ苦痛ヲ受クルコト　火ヲ見ルヨリモ明白」なので「今コソ一億総決起ノ秋《とき》(31)」だというのです。しかし小園が病気になったこともあり、抗戦継続は失敗、八月二十一日に収拾され、小園は抗命罪で無期禁錮となりました。

我々のように「帝国陸軍軍人」ではない人間には、降伏するくらいならとことん闘うという心理自体が理解不能ですし、わかるように説明できたら自分も染まりそうで嫌な感じがします。ここでは、このような徹底抗戦という判断が出てくる前提として、右の史料に「国体」とか「神州」とかいう言葉が出てくることからわかるように、日本の国家が建国神話を事実として絶対視していることがある、ということを確認しておきたいと思います。さらに、「ポツダム宣言ヲ履行スルトキハ　戦争継続スルヨリ何百何十倍ノ苦痛ヲ受クルコト　火ヲ見ルヨリモ明白」という字句からは、敗戦によって自分たちの存在意義やプライドが崩壊することへの恐怖もあったことがうかがえます。

厚木航空隊の呼びかけに一般住民が同調した動きがあったとは聞きません。山田風太郎の日記からうかがえる通り、ある年代以上の一般の人々にはもはや積極的に抗戦する気力はありませんでした。しかし、沖縄戦の悲惨な事実を想起すれば、軍が徹底抗戦を命じた場合、それに反抗する気力もなく、あきらめて従うことになったでしょう。

広田照幸氏の所説

敗戦までの時期についての考察の最後に、ここまでの状況について考える手がかりとして、教育史学者広田照幸氏の学説を紹介します。

広田氏は、陸軍将校を養成する陸軍士官学校の生徒が在学中に書いた日記や作文の分析から、「無私の献身」を強調する士官学校の教育においても、「家族への献身（孝行）――国への献身（奉公）と同値化されることで、彼らの立身出世の野心は、毎日の努力と勤勉の源泉であり続けた」ことを指摘し、さらに他の史料の検討から、「憲兵や教員のような、戦時体制を積極的に担っていた人々にもこうした意識構造は共通して見られた」ことから、戦時下の人々の心情は、「滅私奉公」ではなく「活私奉公」だったとします。

また、「戦時期に青少年期に達した世代――いわゆる戦中世代――は、それ以前の世代に比べて、献身イデオロギーを忠実に内面化していたように思われる。この世代のなかには、本気で天皇の神性を信じ、国体のために喜んで生命を捨てるほど、価値を内面化した人が少なからずいたことは確か」だが、そうなった原因は、「教え込みの技術が適切だったからではなく、「物心ついて以来、「何が正義とされるか」について準拠すべき別の選択肢が用意されていなかったこと、すなわち別種の情報から隔離されていた」ことだとしています。

そして、「戦前期のイデオロギーの教え込みが果たしたものは、それを準拠価値の一つとして内面化させることだけにはとどまらない。戦前期の天皇制は、単なる教養の体系ではなく」、「命令―服従関係や権威―従属関係からの逸脱を許さない、取り締まりの機会でもあった」とします。その場合、「国体に関するこみいった教養をすべて理解させる必要もなかったし、また、天皇本人が細かな命令を自ら下す必要もなかった。立身出世の希求や権力欲の充足や、単なる保身、あるいは非同調者のラベルを避けようとする人々の心理を、そのまま献身行為の調達へと活用すればよかった」し、「国家が人々の自発的な献身行為を調達するのは、人々が天皇の権威を恣意的に利用することと表裏一体」で、「戦前期の天皇制は、内面化なしでも十分作動しうるシステムをなしていた[32]」。

題材は違うのですが、本書のここまでの話の説明にもなっています。ただ一つ付け加えるとすれば、やはり飢えや生活の不自由さ、命の危険の蓄積が限度を超えれば、こうした教養による抑圧や支配は通用しなくなるという現実です。

三　その後

一九四五(昭和二十)年八月十五日正午、ラジオで昭和天皇による「終戦の詔書」の朗読の録音が放送され(玉音放送と呼ばれることがあります)、少なくとも内地(本土)では事実上戦争が終わりました。

しぼむ建国神話

当時軍国少年で、自分が通う学校が疎開していた長野県飯田にいた、のちの小説家山田風太郎は、当日の日記に「帝国ツイニ敵ニ屈ス」とだけ書きました。連日沢山の記述がある日記なので、その衝撃の大きさがわかります。翌日も「日本が負けた。嘘だ！　いや、嘘ではない。〔中略〕過去はすべて空しい。眼が涸れはてて、涙も出なかった」と書いています。そして、その翌日には「今日飯田駅で兵隊がいままでの如く特別に切符を買おうとしたら、少女駅員冷然として「兵隊さんはあとですよ」といった由。〔中略〕余りといえは軽薄残忍」と、世相の急転換を記録しています(33)。

九月九日、昭和天皇は息子（現在の上皇）への手紙のなかで、「敗因について」、「我が国人があまり皇国を信じ過ぎて　英米をあなどったこと」だと書きました(34)。「皇国」という言い方に、建国神話の影響を読み込んでもあながち間違いではないはずです。

為政者は皆、建国神話を論拠に国民を上から操ろうとしてきたことの愚をようやくにして悟ることになりました。占領軍の方針により、太平洋戦争の開戦とともに許可制になっていた政党の結成が自由化され、十一月に保守系の政党として日本自由党と日本進歩党が、社会主義系の政党として日本社会党が結成されました。

自由党は、「一、国体を護持し、民主的責任政治体制を確立し、学問、芸術、教育、信教を自由にして、思想、言論、行動の暢達を期す」という方針（「綱領」）を示し、進歩党も、「素より尊厳なる国体を護持することは、万古渝《かわ》らざる国民的信念」としながらも、「国民の総意を基調とする民本政治を顕源せんが為めには、帝国憲法の改正を断行し」、「議会制度並に其の他の政治機構の根本的刷新を決行せざるべからず。更に言論、集会、結社、信教の自由と、基本的人権とを尊重して民意の調達なる発現に遺憾なからしめざるべからず」と宣言し、社会党はやはり「吾党は勤労階層の結合体として、国民政治的自由を確保し以て民主主義的体制の確立を期す」という方針（「綱領」）を示しました。

保守系の政党の綱領に国体擁護の文字が残っていますが、事実上の議会制民主主義制度の確立を主張している以上、これは絶対的な権力としての天皇制を維持するというではなく、象徴的な意味での天皇制を維持するという意味だと考えられます。いずれにしろ各政党の掲げる方針には、「民主的」「民本」「憲法改正」「基本的人権」「民主主義」などの文字が躍っています。[35] 建国神話の存在感は急速にしぼみ始めたのです。

もちろん、日本の民主化を主張するポツダム宣言を日本が受諾したという前提での話なので、本心かどうか疑う方もいるかもしれません。しかし、首相として太平洋戦争の開戦と戦争遂行を主導した東条英機も同じような感慨を述べています。東条は九月に戦犯として逮捕される際に自殺に失敗して病院で治療を受けましたが、十一月に大森拘禁所のなかで次のような感慨を口述筆記させています。[36]

米の民主主義と云う事に就て考え足らざりき。治療を受くる間付添い居たる米憲兵が社会の事象に一識見を有し居り。教育程度も高かりき。国民に知らせ自覚を持たせ、之れを掌握し引上ぐれば力となる。米の民主主義の基礎の一は此の点にあり。其の他に富の程度高きこととなり。富の程度高きは生活の安定を意味す。以上二項の上に立つ民主主義にして日本は全然之に反す。我が国も招来此の点につき改善向上し其の上に精神昂揚を図らざるべからず

そして、一九四六年一月一日、昭和天皇の詔書が各新聞に掲載されます。いわゆる「人間宣言」といわれるようになる詔書です。「人間宣言」といわれる由来は、「朕ト爾等国民トノ間ノ紐帯ハ、終始相互ノ信頼ト敬愛トニ依リテ結バレ、単ナル神話ト伝説トニ依リテ生ゼルモノニ非ズ。天皇ヲ以テ現御神トシ、且日本国民ヲ以テ他ノ民族ニ優越セル民族ニシテ、延テ世界ヲ支配スベキ運命ヲ有ストノ架空ナル観念ニ基クモノニモ非ズ」(37)という部分です。昭和天皇はこの詔書で神格性を完全に否定したわけではないという見解もありますが(38)、『朝日新聞』が一面で「天皇、現御神にあらず　君民信頼と敬愛に結ぶ」と見出しをつけたように、当初から天皇が神の子孫であることを否定したものと解釈されたので「人間宣言」と呼ばれるようになったのです。こうして、社会では一九四六年の元旦には天皇の神格性は否定されたことになります。

教室のなかではどうか？

では、教室のなかではどうだったのでしょうか。戦後直後の教育問題としては、教科書のなかでポツダム宣言に反する部分を使わないよう墨で黒く塗りつぶす、いわゆる「黒塗り教科書」が有名ですが、当初は国語だけでした。文部省が九月二十日付で現場を管轄する地方長官（府県知事、東京都長官、北海道庁長官）に対して指示したもので、他の教科は追って指示するとされましたが[39]、その指示がなかなか発せられなかったため、現場では混乱が生じました。

敗戦直後に岐阜県の教員組織が作成したと推定される教科書の取扱方針では、国史について、「国史は日本のいのちそのものであり」、「国史は厳然と神勅に肇まる。その神勅のみ光りにうつされて私どもの規範は君臣の義、華夷の弁とうかび上つてくる。これは時代を貫き戦時と否とを問はず一貫する国史の骨格である」が、「初等科国史、高等科国史が大東亜戦争中に編纂されて、そのことが監修官の主観と交錯して、為に教科書が国史の真実から歪められ、誇大された空虚な騒音を含んでゐる。この歪められてゐるものを訂し空虚な掛声を真実の溢れた力あるものに息吹かせねばならぬ」とされ、結局のところ「皇統の万世一系を明らかにする。これは肇国を瞭らかにして初を示し、一系を明らかにする[40]」と、従来通りの授業をやることとされました。一方、岩手県では、十月に、初等科の国史教科書について、巻頭の神勅全文や建国神話の多くの部分を自主的に削除しました[41]。

三重県では、十二月に県の師範学校が各学校向けに方針を示しました。国史については、指導の重点を「歴代天皇の御高徳御鴻業を景仰し奉る。終戦に伴ふ新しき政治の本質が、歴代天皇の御高徳御鴻業に内在することに、深く思ひを致さしめること」とし、注意点として、教科書は児童に使わせないこと、「神話・伝説と史実とを、はつきり区別して指導する」、「国史の指導が偏狭性を帯び、独善的排他的になることを特に戒心する」となっています[42]。

本書で再三みてきたように、先生たちは神話の事実性に疑問の余地があることを知っており、ポツダム宣言で民主化が掲げられているのですから、岩手県や三重県のような反応は当然です。しかし、岐阜県のように現状維持とか、三重県のように天皇中心史観の維持を明示するなど、一見矛盾した対応も見られます。この段階ではまだ教育勅語は否定や廃止になっておらず、根本方針まで自分たちの一存で覆してよいものか判断に迷った、あるいは教育勅語に代わる根本方針を思いつかなかったというような事情がうかがわれます。

結局、十二月三十一日付のＧＨＱの指令により、「日本政府が軍国主義的及び極端な国家主義的観念を或る種の教科書に執拗に織り込んで生徒に課し、かかる観念を生徒の頭脳に植込まんが為めに教育を利用せるに鑑み」、修身、国史、地理の授業が停止されました[43]。

その後、今後の小学校での日本史教育をどうすべきかが教育関係者の中で議論されました。広島高等師範学校附属小学校の教員岡部充男は、「敗戦下の今日、我々は総ての方面に於いて厳粛なる反省を必要とする」とした上で、「今日、我が「神話」が大きな問題となつてゐることは周知」であり、「近年の日本教育が」、神話を「所謂歴史的事実として教へ、信念化せんとしたこと」は、「全く非科学的独断であり、近代日本国家の政策の具としての観方」だったとしながらも、「神話は抹殺すべきである」というのは「その非亦少しとしない」[44]としています。神話を歴史で教えるのは非科学的だと理解しても、歴史の教科書からの神話をすべてなくすのは行きすぎだというのです。

実際、ＧＨＱの指示で文部省が作った暫定版の教科書の草稿でも建国神話は敗戦までの教科書とほぼ同じ分量と内容で記載されました。ＧＨＱは再三全面削除を命じましたが文部省は譲らず、ＧＨＱは一九四六年五月以後、家永三郎ら学者グループに教科書を執筆させ、一九四六年九月に文部省から『くにのあゆみ』として刊行されました[45]。最初の章は「日本のあけぼの」と題され、旧石器時代、縄文・弥生時代の説明のあと、天皇についての最初の記事は次のようになっています[46]。

> その頃最も有力な者が、この盆地〔大和〕からおこつて、だんだん日本を一つにまとめたのであります。この大事なお仕事をおはじめになり、畝傍山のふもとの橿原の宮で、最初に天皇の位におつきになつた方が、神日本磐余彦《かむやまといわれびこ》天皇《すめらみこと》といはれてゐます。

神武天皇即位までの建国神話は一切採用されず、「神日本磐余彦天皇」とは神武天皇のことですが、神武とは書かない上に「といはれてゐます」と、史実とは断定しない書き方になっていることがわかります。

家永三郎は、『くにのあゆみ』刊行直後の論稿で、「終戦後日本歴史は書き改めねばならぬと云ふ声がいろ〳〵な方面から聞えて来た」として、「今迄往々行はれた様に、学問の研究の結果とかかはりなく、時には学問の研究の結果と相容れないものであつても、被教育者にある特定の影響を与へる可能性ある内容を注入すればよいと云つた考へ方をやめて、正しい国史学の研究の成果に裏付けられた知識を授ける様にしなければならぬ」とし、「わからないことはわからないとしておくのが正しい[47]」と主張しました。事実上、教科書から神話が消えた理由を説明した形です。ただし、半年後には、一九四七年四月から新制の小学校となったためこの教科書はほとんど使用されませんでした[48]。

天皇の神格化を否定した内容の新憲法案が公表された時期に至っても建国神話教育に固執する文部省の態度は不思議ですが、まったく血迷っているというわけではありません。教育勅語の処遇について、まだその時点までは不明確で、教育勅語はまだ有効だったのです[49]。教育勅語が有効である限り、文部省としては、国史を含む教育の場で建国神話を全否定することは難しかったことがわかります。

建国神話の否定

憲法は敗戦直後から課題になっていましたが、日本側の模索を参考にしたＧＨＱの案が政府案として帝国議会に提出され、そこでさらに修正の上、現行の日本国憲法が一九四六年十一月三日に公布、四七年五月三日に施行されました。その前文に、「そもそも国政は、国民の厳粛な信託によるものであつて、その権威は国民に由来し、その権力は国民の代表者がこれを行使し、その福利は国民がこれを享受する。これは人類普遍の原理であり、この憲法は、かかる原理に基くものである。われらは、これに反する一切の憲法、法令及び詔勅を排除する」とあります。日本の国の存立根拠は架空の建国神話から、人類普遍の原理に変わったのです。

天皇についても、第一条で「天皇は、日本国の象徴であり日本国民統合の象徴であつて、この地位は、主権の存する日本国民の総意に基く[50]」と、天皇の存立根拠は架空の歴史ではなく、国民の意志ということになったのです。

国家が示す教育の基本方針も憲法の理念に即す形になりました。一九四七年三月三十一日に公布・施行された教育基本法です。「われらは、個人の尊厳を重んじ、真理と平和を希求する人間の育成を期するとともに、普遍的にしてしかも個性ゆたかな文化の創造をめざす教育を普及徹底しなければならない[51]」。そしてこの教育基本法では、教育が不当な支配に服することがないように、教育行政の地方分権、他の行政からの独立がうたわれ、これをもとに民主化のため、教育委員会制度が設けられ、カリキュラムでも、ホームルームなど、教科外での自治的な集団活動がとり入れられました[52]。

理屈の上では、教育基本法の制定によって、まったく異なった教育理念を示している教育勅語は自動的に失効するはずですが、教育関係者や政治家からはなお有効だという発言が相次いだため、占領軍の指示でそれを確認することになりました。一九四八年六月十九日、衆議院では「教育勅語等排除に関する決議」が、参議院では「教育勅語等の失効確認に関する決議」が可決され、教育勅語の失効が確定しました。[53]議題に「等」が入っているのは軍人勅諭なども失効対象に含まれたためです。

このうち、衆議院の決議は理由を次のように具体的に説明しています。「既に過去の文書となつている教育勅語並びに陸海軍軍人に賜りたる勅諭」などが、「今日もなお国民道徳の指導原理としての性格を持続しているかの如く誤解されるのは、従来の行政上の措置が不十分」なためで、「これらの詔勅の根本理念が主権在君並びに神話的国体観に基いている事実は、明かに基本的人権を損い、且つ国際信義に対して疑点を残す」というのです。[54]教育勅語にある「国体の精華」を説明したのが『国体の本義』であり、第四講でみたように、『国体の本義』はどうみても建国神話を根拠に天皇への絶対的な服従を説いており、基本的人権を否定していましたから、教育勅語が建国神話にもとづき、基本的人権を否定していることは明らかです。ですから、この決議の教育勅語に対する認識は当然ということになります。

続く揺り戻し

しかし、建国神話をめぐる揺り戻しは絶えませんでした。決議の翌年から民間で紀元節復活の動きが始まり、一九五四年からは神社勢力を中心に運動は全国的な規模で進められ、保守系政党も同調していきます。歴史学者の大半は、事実にもとづかない祝日の復活に反対しましたが、一九五八年には初めていわゆる紀元節復活法案が国会に提出されるまでになりました。そして一九六六年六月、ついに祝日法が改正され、翌六七年から二月十一日が「建国記念の日」という祝日になりました(55)。かつての紀元節と同じ日なのですから、この日を建国記念日にした根拠は『日本書紀』の神武天皇即位の記事ということになります。

また、教育勅語についても、一九六〇年代末から、現代語訳によって普及を図る動きが始まりました。そのなかで重要なのは、国民道徳協会訳という形で一九七二年に佐々木盛雄の著書に始めて掲載され、流布されているものです。これは実質的には佐々木盛雄という保守系政治家の個人訳ですが、明治神宮が普及に尽力し、二〇一七年に大きな政治問題に発展した森友学園問題でも、同学園で使われていた訳として話題になったものです。この訳は、本来の趣旨を説明している部分を今の時代に合うように大胆な意訳をし、本来の意味を隠蔽しているところに特徴があります。詳細は歴史学者長谷川亮一氏の研究をご覧いただくこととし(56)、ここでは、佐々木が教育勅語復活を強く主張した理由を確認したいと思います(57)。

佐々木の著書『甦える教育勅語』は副題に「親と子の教養読本」とある通り、大人だけでなく、親を通して子どもにも教育勅語を普及させることを目的としています。佐々木は、当時(一九七二年)の日本は、経済的には「一躍大金持ち」になったが精神的には「腐りはて」たとし、その最大の原因は「国民精神の支柱をなしてきた「教育勅語」を、占領軍の強制命令によって、屑籠に投じてしまったこと」だとします。そして「教育勅語」は、「道義人倫の正道を示したものであって、古今東西を貫ぬく不易の教訓」だが、「政府による正式復活」は無理なので、「われわれ民間の手によって、日本人の心の中に、在りし日の栄光と、権威を復活したい」とします。「腐りはて」の具体例は、一九六〇年代末からの大学紛争、若者文化、成田空港反対闘争などです。たとえば、大学は「暴力支配の無法地帯」となったとか、「巷《ちまた》に氾濫《はんらん》する性別不明、国籍不在の長髪族青年男女の狂態」などと当時の世相を批判します。自分には理解できない若者の行動を抑えるために「教育勅語」が有効だと考えているのです。

後半には「教育勅語」原文の註釈もあるのですが、そこでは、「天照大神が皇孫、瓊瓊杵尊を、わが国におくだしになった時に」、例の神勅を「おおせになったことから、わが国は「万世一系」の天皇をいただくことになった」[58]と、建国神話を事実とみなす書き方になっています。

歴史教科書問題

その後の動きとしては、中学校社会科歴史的分野の教科書の問題があります。一九九六年にほとんどすべての教科書がいわゆる従軍慰安婦問題を取り上げたことなどをきっかけに、こうした歴史観を「自虐史観」などと認識し、子どもたちに誇れる日本を教えようという動機で、いわゆる「新しい歴史教科書」問題[59]が始まりました。こうした教科書では、他の教科書ではまったく出てこない建国神話が扱われています。現在、この「新しい歴史教科書」の系統で建国神話にふれているものは二種類あります。

一つは、この系統の教科書では最大の採択率（六・三％）となっているもので[60]、冒頭に、「歴史の旅を進めていくと、私たちが住んでいる日本という国は、古代に形づくられ、今日まで一貫して継続していることに気づくと思います。その理由は何なのかを考えてみてください」という問いかけがあります。これはまるで戦前の『国体の本義』的な考え方に通じる言い方です。そして記紀神話について、国の成り立ちを神話として説明するのは古今東西同じだとした上で、「神話に書かれていることは、歴史の事実そのものとはいえませんが、当時の人々の、日本の国の成り立ちについての解釈や生活のようす、ものの考え方、感じ方を知るうえで貴重な手がかりとなっています[61]」とあります。

さすがに建国神話が事実だとはしていませんが（それでは検定を通らないでしょう）、「当時の人々の、日本の国の成り立ちについての解釈や生活のようす、ものの考え方、感じ方を知るうえで貴重な手がかり」という説明は、記紀は権力者の側によって自分の正当性を論証するために書かれたという経緯を考えると素直には受け取れません。「当時の人々」と曖昧な書き方をすることで、記紀が支配の道具であったことをうやむやにし、そこから「古代に形づくられ、今日まで一貫して継続していること」を考えていくと、皇統が「続いてきた」「理由」になってきます。それは本当なのか。まさに歴史学の一大テーマであり、こうした見方に否定的な学者も数多くいます。

もう一つの教科書は、採択率は極めて低いのですが、[62]叙述はさらに積極的です。ずばり、「日本の国の成り立ちは、八世紀に完成した日本でもっとも古い歴史書である『古事記』『日本書紀』に、神話の形で書かれている」といいます。もちろん、「神話や古い伝承は超自然的な物語をふくみ、ただちに歴史的事実として扱うことはできない」とはいうのですが、「しかし、これらの神話・伝承は、古代の人々が、自分たちの住む国土や自然・社会の成り立ちを、山や海の自然崇拝や、稲作祭祀など縄文・弥生以来の信仰なども取り入れながらまとめたものと考えられる」とし、大国主神の「国譲り」神話を詳しく紹介した上で、「勝者は敗者に対して、その功績を認め名誉をあたえ、魂を鎮める祭りを欠かさない。古代の日本人はこうした政治の在り方を理想としていたのです[63]」と説明します。

古代の政治家たちも「古代の人々」の一部であることはたしかですが、この書き方では「古代の人々」全般と読めてしまいます。しかし、それは、明らかな誤りであることは、第一講でご紹介した通りです。そもそも「古代の日本人」は非常に問題がある表現です。なぜなら、記紀成立当時、まだ中央政権の支配下に入っていない地域も多数あるからです。そして、こうした説明は、この教科書の最大の趣旨である、「日本は悪くない史観」を印象づけるということの伏線になっているとみなせます。[64]

あたりまえですが、これらの教科書を含め、文部科学省検定済教科書が建国神話を事実として載せることはありえません。歴史的事実ではないからです。『古事記』や『日本書紀』に建国神話が書かれているということは事実ですが、書かれた意図が政権の正当化であることはほぼ通説化しており、単に古代の人々の考えの反映と見るのは誤りです。

驚くべきことに、その後、建国神話を事実と印象づけるかのような書物も登場しています。この種の教科書作成にも関与しているジャーナリストの櫻井よしこ氏は、日本の誇りを取り戻そうという趣旨の著書のなかで、「日本を日本たらしめているもの、その第一は皇室の存在」で、「二七〇〇年になろうとする長きにわたって万世一系を守り続け、その血筋ははるか神話まで連なる」、「はるか古代から現在に至るまで、日本は皇室を中心に日本というひとつの国を継続してきた。このような国は世界でわが国だけ」で、「皇室は天照大神を祖先とする、日本の宗教の主宰者である。このこと自体、他国に例のないわが国の特徴」と、建国神話を事実とみなすかのような書き方で皇室の重要性を説いています。

さらに、「『古事記』『日本書紀』に登場する日本神話の世界には日本人の民族性や価値観が色濃く投影されて」おり、また、「明治の国づくりの中で先人たちが最もエネルギーを注ぎ、実に八年間の学びと熟考の末に完成させたのが明治憲法」で、「冷静に読めば、極めて民主的かつ開明的である。日本の国柄もゆるぎなく反映された憲法」だが、「現行憲法は誇るべき日本の歴史や価値観とは縁もゆかりもない」などと続きます[65]。他国との比較が強調されていることや同書の中身全体から、国際関係、なかんずく近隣諸国との関係で強い国家になるべきことを主張したいがために、建国神話やそれにつらなる大日本帝国憲法なり大日本帝国憲法下の歴史が用いられていることがわかります。

いずれの論述も、本書でも触れてきたように歴史学の研究成果からすればつっこみどころ満載、「二七〇〇年」なんてありえないことは江戸時代から気づかれていました。大日本帝国憲法の統帥権の独立がどんな結果をもたらしたか、ちょっと調べればすぐにわかります。当然、日本社会のなかでこうした考えに同意する人は少数派にとどまっています。

大事な点だけ繰り返せば、大日本帝国憲法に反映された「国柄」は、記紀で創作されて一度はほとんど忘れ去られ、本居宣長、藤田東湖、会沢正志斎らが「再発見」した「理念」であり、歴史的に形成されてきた国のあり方ではありません。一つ付け加えれば、天皇という制度はだいたい一五〇〇年くらいは続いてきていると考えられていますが、奈良時代から幕末までの大体一一〇〇年くらいはいわゆる神仏習合で、京都には、長く皇室の菩提寺だった泉涌寺が現存し、境内には幕末の孝明天皇までのお墓があります（孝明天皇の墓だけは神道風ですが）。「日本の宗教の主宰者」といっても、実際に神道の主宰者になったのは明治維新後、長い歴史からいえばごく最近のことにすぎません。「国柄」をいうなら、長く定着していたという意味で神仏習合の方が「国柄」なのです。

ましてや、大日本帝国憲法は、「民主的」とは言いがたく、「国柄をゆるぎなく反映させた」ものでもありません。日本国憲法は、日本が戦争を拡大したという歴史的事実[66]をふまえて作らざるをえなかったのですし、「誇るべき日本の歴史や価値観」は、日本国憲法制定後に、良い国を作り、世界平和に貢献しようとしてきた、我々を含む戦後の日本に住む人々の努力によって形づくられてきたし、作られつつあるのです。

建国神話を事実とみなす考え方は、戦争を防ぐ手立てにはならず、むしろ人々を戦争に駆り立てる方向に作用しました。その戦争は日本のみならずアジア各地に史上比べものにならないほどの深い傷あとを残したのですから、建国神話が日本という国家の正当化の根拠や教育から排除されたのは当然すぎるほど当然なことでした。その後、日本の現状に不満な人々が現状打破の手段の一つとして大日本帝国憲法下の日本を正当化しようとし、その延長線上に建国神話の復活という現象が起きていると考えられます。しかし、こうした動きが主流になることは難しいと思われます。

注

(1) 唐澤富太郎『教科書の歴史』(創文社、一九五六年)第一〇章、入江曜子『日本が「神の国」だった時代——国民学校の教科書をよむ』(岩波新書、二〇〇一年)。

(2) 文部省『尋常科用　小学国史』上巻(東京書籍、一九四〇年)(海後宗臣編『日本教科書大系』近代編第一九巻　歴史二、講談社、一九六三年)一二六頁。

(3) 八本木浄『両大戦間の日本における教育改革の研究』(日本図書センター、一九八二年)。

（4）一九四一年三月十四日付文部省令第四号「国民学校令施行規則」（文部省普通学務局編纂『国民学校令及国民学校令施行規則　附関係改正法令（抄）』内閣印刷局、一九四一年）一三、一四、一七頁。

（5）文部省編『初等科国史』上（東京書籍、一九四三年）（前掲『日本教科書大系』近代編第一九巻　歴史二）二四八頁。

（6）岡崎朝彦「初等科に於ける国史取扱上の諸問題」（愛知県第一師範学校附属国民学校編刊『第二十二回国民学校教育研究発表会　発表要項』一九四二年十一月）四頁。

（7）石川県師範学校附属国民学校初等教育研究会編『教科錬成新授業法の実際』（宇都宮書店、一九四二年）三九頁。

（8）前掲『教科書の歴史』五一二頁。

（9）高井ホアン『戦前ホンネ発言大全第一巻　戦前不敬発言大全』（パブリブ、二〇一九年）。

（10）前者は同右二一二～二一三頁、後者は同右二六二頁。引用原文は、内務省警保局『特高月報』一九四二年四月号（復刻、政経出版社、一九七三年）二九頁、後者は同一九四三年六月号（復刻同右）二八頁。

（11）前掲『戦前ホンネ発言大全第一巻　戦前不敬発言大全』三五、八三、一四三、一七三、二九七頁。

（12）喜多村理子『徴兵・戦争と民衆』（吉川弘文館、一九九九年）一〇四頁。

（13）桐生悠々『畜生道の地球』（中公文庫、一九八九年、初刊は一九五二年、三啓社）一六一～一六三頁。

（14）原田熊雄述『西園寺公と政局』第七巻（岩波書店、一九五二年）九三頁（一九三八年八月三十日、元老西園寺公望の秘書原田熊雄への発言）。

（15）松野修『近代日本の公民教育――教科書の中の自由・法・競争』（名古屋大学出版会、一九九七年）三三〇、三三四～三三五頁。

（16）「最近における経済犯罪」（司法省刑事局長池田克氏説明要旨）（古川隆久編・解説『戦時下政治行政

活動史料一九四一―一九四五』第三冊、不二出版、二〇一五年）三三二〜三三三頁。
(17) 前掲「28―1　刑法犯の罪名別認知及び検挙件数（大正十三年〜平成十六年）」。
(18) 以上、前掲「最近における経済犯罪」三三四〜三三五、三三九頁。
(19) 飯田未希「パーマネント報国と木炭パーマ――なぜ戦時中にパーマネントは広がり続けたのか」（法政大学大原社会問題研究所／榎一江編著『戦時期の労働と生活』法政大学出版局、二〇一八年）。
(20) 清沢洌（編集・解説橋川文三）『暗黒日記　昭和一七年一二月九日〜二〇年五月五日』（評論社、一九七九年）一五六、一七四、二五〇、二七二、三〇二、三一七頁。
(21) これについては、板垣邦子『日米決戦下の格差と平等――銃後信州の食糧・疎開』（吉川弘文館、二〇〇八年）、古川隆久編集・解説『戦時下政治行政活動史料』（十五年戦争極秘資料集補巻44、不二出版、二〇一五年）の解説（第一冊、古川執筆）も参照。
(22) 山田風太郎『新装版　戦中派不戦日記』（講談社文庫、二〇〇二年）三七〇〜三七一、二〇、二三頁。
(23) 軍事史学会編『大本営陸軍部作戦部長宮崎周一中将日誌――防衛研究所図書館所蔵』（錦正社、二〇〇三年）一八六頁（七月二十五日付）。
(24) 前掲『徴兵・戦争と民衆』二九〜三七、一二七〜一二九頁。
(25) 『読売報知新聞』一九四五年八月十一日付一面。
(26) 参謀本部編『敗戦の記録』（原書房、一九六七年）二八八頁。
(27) 拙著『昭和天皇――「理性の君主」の孤独』（中公新書、二〇一一年）二九六頁。
(28) 「詔書」（『官報』一九四五年八月十四日付号外、頁数記載なし）。この号外は、詔書の日付と同じ日付になっているが、この内容が公表されるのは十五日昼にラジオでこの内容が放送されてからなので、実際にはそれ以後に配布されたと考えられる。
(29) 軍事史学会編『大本営陸軍部戦争指導班機密戦争日誌』下（錦正社、一九九八年）七五九頁。

(30) 以下、小園については、相良俊輔『あゝ厚木航空隊——あるサムライの殉国』（光人社、一九九三年、初出一九七一年）。
(31) 前掲『あゝ厚木航空隊——あるサムライの殉国』一九九頁。
(32) 広田照幸『陸軍将校の教育社会史——立身出世と天皇制』（世織書房、一九九七年）三九八〜三九九、四〇九〜四一六頁。
(33) 前掲『新装版 戦中派不戦日記』四〇六、四二〇〜四二一、四三三頁。
(34) 高橋紘編著『昭和天皇発言録——大正9年〜昭和64年の真実』小学館、一九八九年）一一五頁。
(35) 議会政治研究会編『政党年鑑 昭和二十二年版』（ニュース社、一九四七年）一二八、一四六、一五九頁。
(36) 東条英機刊行会・上法快男編『東条英機』（芙蓉書房、一九七四年）七四七、七四八頁。
(37) 「詔書」（『官報』一九四六年一月一日付号外）一頁。
(38) 吉田裕『昭和天皇の終戦史』（岩波書店、一九九二年）二三一頁。
(39) 中村紀久二「解題」（中村紀久二編著『文部省著作国定教科書 国民学校期 墨ぬり教科書［七］解題・削除指示資料集』芳文閣出版部、一九八五年）四頁。
(40) 大日本教育会岐阜県支部国民学校専門部会『終戦ニ伴フ教科書取扱ノ注意』（復刻、同右）一四七頁。
(41) 岩手県内政部長通牒『終戦ニ伴フ教科用図書取扱方ニ関スル件（抄）』（一九四五年十月十五日。復刻、同右）一六一頁。
(42) 三重県教学課・大日本教育会三重県支部 三重師範学校男子部女子部附属国民学校『戦後に於ける国民学校教科教材取扱の研究』（一九四五年十二月。復刻、同右）二〇七、二〇八頁。
(43) ＧＨＱ指令第四号「修身、日本歴史及ビ地理停止ニ関スル件」（一九四五年十二月三十一日付（同右）三一一頁。

(44) 岡部充男「問題の国史教育」(『学校教育』三四七号(復刊2号)、一九四六年八月、広島高等師範学校附属小学校教育研究会編集)二七～三〇頁。
(45) 久保義三『久保義三教育学著作集4　占領と神話教育』(エムティ出版、一九九五年。初出青木書店一九八八年)「はじめに」vii～ix頁、第四章「記・紀神話の暫定国史教科書草稿と占領軍の修正(一九四六年一月―五月)」、第五章「『くにのあゆみ』の成立過程」。
(46) 文部省『くにのあゆみ』上(日本書籍、一九四六年)(海後宗臣編『日本教科書大系　近代編　第一九巻　歴史(三)』講談社、一九六三年)三八九頁。
(47) 家永三郎「今後の国史教育」(『象徴』創刊号、一九四六年十月)一三～一六頁。
(48) 「所収教科書解題」(同右)、四七六頁。
(49) 久保義三『久保義三教育学著作集3　対日占領政策と戦後教育改革』(エムティ出版、一九九五年、初出一九八四年、三省堂、第四章「占領軍の教育勅語への対応」)。
(50) 「日本国憲法」(一九四六年十一月三日付『官報』号外、二～三頁)。
(51) 「教育基本法」(一九四七年三月三十一日付『官報』二一〇頁)。
(52) 木村元『学校の戦後史』(岩波新書、二〇一五年)七六、七九頁。
(53) 長谷川亮一『教育勅語の戦後』(白澤社、二〇一八年)第四章「教育勅語の失効をめぐって」。
(54) 「教育勅語等排除に関する決議」(「第二回国会衆議院会議録第六十七号」、『官報』一九四八年六月二十日付号外、一九四八年六月十八日衆議院本会議の議事録、六六九頁「国立国会図書館国会会議録検索システム」)。
(55) ケネス・ルオフ(高橋紘監修、木村剛久・福島睦男訳)『国民の天皇――戦後日本の民主主義と天皇制』(共同通信社、二〇〇三年)第五章「天皇制文化の復活と民族派の運動」。
(56) 以上、教育勅語の現代語訳問題については、前掲『教育勅語の戦後』第二章「教育勅語とその口語訳を読む」。

(57) 前掲『教育勅語の戦後』、第三章「「国民道徳協会訳」の来歴と流布」。辻田真佐憲「教育勅語肯定論の戦後史――敗戦直後の擁護論から森友学園事件まで」(岩波書店編集部編『徹底検証 教育勅語と日本社会――いま、歴史から考える』岩波書店、二〇一七年)。

(58) 佐々木盛雄『甦える教育勅語――親と子の教養読本』(国民道徳協会、一九七二年) 六～七、三九～四〇、六二頁。

(59) 拙著『ポツダム宣言と軍国日本』(吉川弘文館、二〇一二年) 二〇二頁。

(60) 水村暁人「歴史教科書を学び捨てる」(歴史学研究会編『歴史を社会に活かす――楽しむ・学ぶ・伝える・観る』東京大学出版会、二〇一七年) 九四頁。

(61) 伊藤隆・川上和久ほか『新編 新しい日本の歴史』(育鵬社、二〇一六年) 六、五一頁。

(62) 前掲「歴史教科書を学び捨てる」九四頁。

(63) 杉原誠四郎ほか『市販本 新版新しい歴史教科書 中学社会』(自由社、二〇一五年) 中学校用、四四、四七頁。

(64) このような教科書が一定の支持を得つつある現実に対して、前掲「歴史教科書を学び捨てる」は、「教科書に従順であることを求める歴史教育は、自らを規定する価値観に対し鈍感な生徒、他者の価値観に対し無理解・不寛容な生徒を生み出す。ゆえに教科書の記述に対する違和感や驚きを大切にしながら批判的に「読む」力を鍛えていくことが大切」(一〇二～一〇三頁) と示唆に富む主張をしている。

(65) 櫻井よしこ『気高く、強く、美しくあれ――日本の復活は憲法改正からはじまる』(PHP文庫、二〇一五年、初刊は小学館、二〇〇六年) 八～一二頁。

(66) この点について、アメリカや中国など他の国に責任を転嫁する議論が後を絶たないが、幅広い視野で当時の状況に従って様々な史料をふまえて状況を復元すれば、残念ながらそうは言えないことは「火

一〇一～一〇三、一〇七～一一四頁、同『近衛文麿』（同上、二〇一五年）二五九～二六一頁、同『昭和史』（ちくま新書、二〇一六年）二一四～二二四頁参照。

エピローグ　「建国神話の社会史」の旅を終えて

天照大神の孫が地上に降りて天皇として日本を統治し始めたという話を軸とする建国神話は、古代、日本の天皇制度が確立しつつある時代にそれを正当化する根拠として創作され、『古事記』と『日本書紀』に記されました。

近世（江戸時代）中期の国学者本居宣長によって、『古事記』が日本の古典として「再発見」されたことで建国神話は再び注目をあびるようになりました。それをきっかけに『古事記』や『日本書紀』についての研究が進み、建国神話の作為性が気づかれるようになりました。その一方で、『日本書紀』に異説として記されたに過ぎない「天壌無窮の神勅」が、社会の安定化のために天皇を絶対化する根拠として「発見」されました。天皇の意思に従うことが正しいという観念もこうした流れから生まれました。

建国神話は、幕末に対外的な危機感が強まるなかで、民衆を動員して強力な国家を築こうとする尊皇攘夷運動の根拠となり、さらにその結果起きた明治維新と大日本帝国憲法発布をへて、天皇絶対の国家体制を正統する根拠となりました。当然、政治家たちは事実ではないとうすうす知りながら、反政府運動を抑え、住民を政府に従わせる、統治のための手段として、建国神話は事実だと言い続け、異論を唱える学者を弾圧しました。

第一次世界大戦後、今度は社会主義革命防止の観点から、義務教育における歴史教育でも建国神話を事実として教える方針が確立しました。しかし、事実性が疑わしいことがらを国家の正当化の手段とすることへの疑念が国民の間でくすぶり続けました。それは、一九二〇年代以後の小学校の歴史の授業現場における建国神話の扱い方に関する困惑ぶりをよく表していますし、『特高月報』に記された「不敬言動」からもうかがえます。ただし、こうした教育が続いた結果、徴兵検査を苦にしない人々、終戦を妨害しようとする人々も現れたのは事実です。

一方で第一次世界大戦後には、建国神話を物語として受け止めつつ、議会制の維持や経済発展、国際協調に役立てようとする動きも見られました。普遍性と独自性の架橋を目指した動きと位置づけることができます。もしこうした流れが定着していれば、建国神話とうまく付き合っていけたかもしれません。

しかし満洲事変勃発後、建国神話は国民団結強化や戦争動員に利用されていきました。結局は政治の失敗を糊塗しつつ人々を国家に従わせるのに便利な手段となってしまったのです。この日本国家の方策は結局不十分に終わったものの、建国神話は、降伏を引き延ばす理由となった国体論の根拠として、日本国家の暴走を助長し、一九四五年の敗戦まで、内外の人々を苦しめました。

ただし、思想を強制するだけでは人々は動きませんでした。一九四〇年の紀元二千六百年奉祝式典前後の人々が楽しんだのは建国神話と無縁のエンターテインメントであり、食料や生活物資の不足、空襲の恐怖には建国神話による強制力は勝てなかったのです。

こうした歴史は、一九三〇年代以降の日本国家が、最終的には建国神話を国民に押し付けるほかなくなるほど、正当性の乏しい行動をとっていったことをよく示しています。そして、こうした事態の原因をたどれば、明治期に国家が国体論を採用した背景にある藩閥指導者たちの、こうした虚構が日本に住む人々に通用するという考え方、つまりは愚民観に行き着きます。

こうしたなかで特に同情に値すると思うのは、国家至上主義をとる国家の教育方針の実現に苦心した教育関係者、歴史学者たちです。彼らは、本当は事実ではないと知りながら、建国神話を子どもたちに事実としていかに教えるかに苦心し続けたのですが、その努力はまったく水泡に帰したからです。

戦後日本は敗戦までの反省にたって、建国神話を義務教育や現実政治の場から排除しました。一方で、日本社会の変化に反感を持つ人々が、再びこれを政治や教育の場に持ち出そうとしています。

しかし、建国神話を政治に利用することは、日本の国家や社会のあり方が古来から不変一貫しているという観念を正当化することになります。そうした方向性を突き詰めていくと、個人の尊重を基本とした民主主義を基礎とした現代日本の社会のあり方が否定され、建国神話の論理を利用できる立場の人々の独裁を許し、異論を許さず、失敗を防げない、失敗に気づいても回復できない困った社会に逆戻りすることになってしまいます。そもそも、主張する本人すら事実とは信じていないことを事実だとして、それを前提に政治を行うことは、不誠実で、人々を愚弄しています。

神の子孫が地上に降りて日本を支配したという、建国神話を事実と信じる人はいまさらいません。しかし、そこまで極端でなくても、事実でないことを事実だという前提で何かを主張する人々、逆に事実を事実でないと言い張って何かをしようとする人々は、決して珍しくありません。もちろん、個々人の関係においては、「ウソも方便」ということもたしかにあります。しかし、大企業、自治体、国家など関わる人の数が多ければ多いほど「ウソも方便」の代償が大きいことは、建国神話の事例に限りません。

結局、近代日本における建国神話をめぐる歴史像から浮き彫りになるのは、やはりウソは良くないという、ごくあたりまえの教訓なのでした。

あとがき

本書執筆の経緯は、二〇一六年八月にさかのぼります。史学会とともに日本の歴史学の有力学会の一つである歴史学研究会から特集号「神話と神話化の歴史学」に寄稿の依頼を受けたことです。当初は、中公新書として刊行した『皇紀・万博・オリンピック』の要約にプラスアルファでよいと考え、晩秋になってのんびりと準備に入ったのですが、同書に引用した永田秀次郎の『建国の精神に還れ』の一節（本書でもプロローグや第二講でふれました）を読んでいるうちにこのテーマを思いつき、締め切りまでの三ヵ月ほどという突貫工事で仕上げたのが、『歴史学研究』二〇一七年六月号（九五八号）に掲載された論文「近代日本における建国神話の社会史」です。

四〇〇字詰め原稿用紙換算で五〇枚以内という分量で近世から太平洋戦争敗戦までを論じたので、議論の骨子を示したに過ぎない内容でしたが、自分としてはとてもおもしろかったので、著書にまとめたいと思うようになり、昨年（二〇一八年）の夏に、ある用件で中公新書『昭和天皇』でお世話になった編集者の吉田大作氏に連絡をとった際、何か書きませんかという話があったので提案させていただき、本書の刊行が決まり、研究を進めていきました。

そうした中、二〇一九年度前期に、日本史特講という、自分の好きなテーマを講義してよい授業科目を担当することになったので、このテーマで授業をすることにし、授業のレジュメを執筆メモ代わりに、四月から九月にかけて、校務や他の用務の合間に書きためたのが最初の原稿でした。諸般の事情でいつものように一気呵成に書くことができなかったので、書き終わっても何となく不完全燃焼だったのですが、吉田氏の導きでなんとかこのような形にまとめることができました。

なお、本書は、天皇をめぐる政治思想という重い話題を扱うので、少しでもとっつきにくさを減らすため、自分としては初めて「ですます」調で書いてみました。

本書が刊行されるまでには、吉田氏、そして厳しい出版状況の中、本書の刊行を引き受けてくれた中央公論新社、そして他にも、多くの方々から、研究を始め、深める機会や励ましやご意見をいただきました。

最初の論文を書く機会を与えてくださった歴史学研究会、論文刊行まもない二〇一七年七月二十五日に公開の研究会「「歴史／物語」を歴史化する――神話・文学を入り口に」で報告し、参加者の方々から貴重なコメントを頂戴する機会を与えてくださった日本大学文理学部人文科学研究所総合研究プロジェクト「「ジャンル」の記憶とその転換をめぐる研究――東アジアの言語・

文化・表現史を中心に」、特に同プロジェクトの代表だった国文学科の紅野謙介教授（現文理学部長）、その研究会のもう一人の報告者として貴重なご意見や励ましをいただいた成田龍一日本女子大学教授。さらに、同年八月に京都大学大学院教育学研究科の集中講義でこの話をする機会を与えていただいた佐藤卓己同研究科教授と、いろいろご意見をくださった受講生の皆さん、コメントカードや質疑応答でいろいろな意見をくださった日本大学文理学部史学科二〇一九年度前期「日本史特講一」の受講生の皆さん。

さらに、日大の授業に参加してくださり、貴重なご意見や情報をくださった教育史研究者の松嶋哲哉氏（日本大学通信教育部通信教育研究所研究員）と、国学の部分について原稿にご意見をいただいた日本大学文理学部国文学科の高野奈未准教授、参考にさせていただいた文献の編著者の皆さま、国立国会図書館、建国記念日に間に合うように刊行するということで奮闘してくださった校閲者の方々。皆さまに厚くお礼申し上げます。そして、居間のダイニングテーブルで文献・史料を拡げまくって研究することを許してくれている家族にも感謝を。

特に本書では、教育史や前近代の日本思想史に「越境」してしまったため、松嶋、高野両氏のご意見は大変参考になりましたし、国会図書館が運営している国立国会図書館デジタルコレクションは、自宅や研究室にいながらにして大量の文献・史料を検索・閲覧・収集できるという意味で、なかなか調査に出向く時間が取れないいなか、計り知れないほど大きな恩恵を受けました。とはいえ、当然のことですが、文責は私にあります。

なお、本書は、平成三〇年度日本大学文理学部人文科学研究所総合研究「二〇世紀の世界諸地域における「教化」と「反発・逸脱」をめぐる多角的視点からの研究」（研究代表者古川隆久）、平成三一年度日本大学文理学部人文科学研究所総合研究「二〇世紀の諸地域における統治体制と社会の相互関係をめぐる諸相」（研究代表者古川隆久）の研究成果の一部でもあります。

最後に、「あとがき」にはいつも書くことですが、本書が、日本近現代史について考えたり議論したりする際の手がかりとして（批判的であっても）活用され、人類社会のよりよき未来の模索に少しでも資するならば、これに過ぎる喜びはありません。

二〇一九年十一月

古川 隆久

古川隆久

1962年東京生まれ。東京大学文学部国史専修課程卒業、東京大学大学院人文科学研究科国史学専攻博士課程修了。博士（文学）。広島大学専任講師、横浜市立大学助教授等を経て、現在、日本大学文理学部教授。専攻は日本近現代史。著書に『昭和戦中期の総合国策機関』『皇紀・万博・オリンピック』『戦時下の日本映画』『大正天皇』『昭和天皇』（サントリー学芸賞）、『近衛文麿』『昭和史』などがある。

建国神話《けんこくしんわ》の社会史《しゃかいし》——史実《しじつ》と虚偽《きょぎ》の境界《きょうかい》

〈中公選書 102〉

著　者　古《ふる》川《かわ》隆《たか》久《ひさ》

2020年1月25日　初版発行
2020年12月15日　3版発行

発行者　松田陽三

発行所　中央公論新社
〒100-8152　東京都千代田区大手町1-7-1
電話　03-5299-1730（販売）
03-5299-1740（編集）
URL　http://www.chuko.co.jp/

DTP　市川真樹子

印刷・製本　大日本印刷

Published by CHUOKORON-SHINSHA, INC.
Printed in Japan　ISBN978-4-12-110102-0 C1321
定価はカバーに表示してあります。

中公選書　新装刊

101 ポストモダンの「近代」
——米中「新冷戦」を読み解く
田中明彦著
権力移行は平和的に進むのか。気候変動、貧困問題に世界は対応できるのか。「新しい中世」の提唱から二〇年余、最新の知見と深い洞察が導く国際政治の現在と未来像を提示する。

103 新版　戦時下の経済学者
——経済学と総力戦
牧野邦昭著
二つの世界大戦という総力戦の時代、経済学者たちの主張や行動はどのような役割を果たし、戦後体制へどんな影響を与えたか。第32回石橋湛山賞受賞作に最新の研究成果を加筆。

105 〈嘘〉の政治史
——生真面目な社会の不真面目な政治
五百旗頭　薫著
政治に嘘がつきものなのはなぜか。絶対の権力というものがあるとすれば、嘘はいらない。世界中に嘘が横行する今、近現代日本の経験は嘘を減らし、嘘を生き延びるための教訓となる。